LANGENSCHEIDTS MUSTERBRIEFE

100 Briefe Italienisch

für Export und Import

Neubearbeitung
von
Michaela Kliem

LANGENSCHEIDT

BERLIN · MÜNCHEN · WIEN · ZÜRICH · NEW YORK

Auflage: 5.   4.   3.   2.   1. | Letzte Zahlen
Jahr: 2004 03   02   01   00 | maßgeblich

© 2000 by Langenscheidt KG, Berlin und München
Druck: Druckhaus Langenscheidt, Berlin-Schöneberg
Printed in Germany
ISBN 3-468-**41183**-9

Vorwort

Langenscheidts Musterbriefe[*] haben sich beim Erlernen von Fremdsprachen und beim Abfassen von Geschäftsbriefen in der fremden Sprache bewährt. Die in dieser Reihe vorgestellten Musterbriefe werden in der Praxis mit großem Nutzen verwendet.

Die vorliegenden Briefe wurden neu gestaltet und in Inhalt, Stil und Form der heutigen Geschäftspraxis angepasst. Neben einer auf den neuesten Stand gebrachten Einführung in die Form des italienischen Geschäftsbriefes mit Hinweisen zu den einzelnen Briefbestandteilen behandelt die Einleitung auch Fax und E-Mail. Die einleitenden Kapitel enthalten auch eine Auflistung wichtiger Vermerke auf Briefen und Briefumschlägen, eine Auswahl gängigster Einleitungs-, Schluss- und Glückwunschformeln sowie Bemerkungen zur Silbentrennung, Interpunktion und zur Groß- und Kleinschreibung im Italienischen.

Den 100 Musterbriefen zu den verschiedensten Anlässen im modernen Geschäftsleben folgen verschiedene nützliche Anhänge, wie z. B. ein Verzeichnis wichtiger Handelsabkürzungen, die häufigsten Incoterms, italienische Postleitzahlen mit den Provinzbezeichnungen und geographische Eigennamen mit ihrer deutschen Entsprechung. Anschaulich sind die beiden Musterbriefe im Original-Layout. Ein ausführliches alphabetisches Sachregister am Ende erleichtert den schnellen Zugriff auf den gewünschten Brief oder Geschäftsvorgang.

Die Autorin ist staatlich geprüfte Übersetzerin und Dolmetscherin im Fachbereich Wirtschaft und kann aufgrund ihrer langjährigen Tätigkeit in der italienischen Wirtschaft, am Gericht und bei Behörden auf einschlägige Erfahrungen in der Praxis der modernen Geschäftskorrespondenz zurückblicken.

Autorin und Redaktion danken den namentlich genannten Firmen für die Bereitstellung der Originalvorlagen.

LANGENSCHEIDT

---

[*] *Langenscheidts Musterbriefe* liegen auch für die englische, französische, spanische und deutsche Sprache vor. Die in den italienischen Musterbriefen verwendeten Namen, Anschriften, Telefon- und Faxnummern sind mit einigen Ausnahmen erfunden.

Inhaltsverzeichnis

Anhang

Die in diesem Buch und in den Brieftexten verwendeten Abkürzungen sind in der Abkürzungsliste (S. 141) verzeichnet. Die allen Briefen beigegebenen Randglossare enthalten die Angaben *f* oder *m* nur dann, wenn das Genus des betreffenden Substantivs nicht eindeutig aus dem Text ersichtlich ist.

Die äußere Form des italienischen Geschäftsbriefes

Form

Häufiger als in Deutschland trifft man in Italien in geschäftlicher und privater Korrespondenz noch die eingerückte Form der Textanordnung an, doch geht auch hier die moderne Tendenz eindeutig zur uneingerückten Blockform, d. h., die Absätze des gesamten Brieftextes beginnen generell ohne Einrücken am linken Rand. Eine Ausnahme bilden Absätze bzw. Angaben, die besonders hervorgehoben werden sollen und daher eingerückt werden.

Zeichensetzung

Im Computerzeitalter ist auch in Italien ein allgemeiner Trend zur offenen Zeichensetzung erkennbar; man geht in der Korrespondenz mit Satzzeichen generell recht sparsam um. Diese beschränken sich auf Punkt, Frage- und Ausrufungszeichen am Satzende und wenige, unabdingbare Kommata *(vgl. hierzu S.17)*.

Die Briefbestandteile

1. Briefkopf (intestazione)

Geschäftspapier ist meist vorgedruckt und enthält den Firmennamen und Geschäftsgegenstand sowie die Anschrift, Telefon- und ggf. Telex- und Faxnummern, ferner findet man in Italien grundsätzlich die Steuernummer (codice fiscale, C. F.) oder die Mehrwertsteuernummer (partita IVA).

2. Datum (data)

Ortsangabe und Datum stehen in der Regel oben rechts und bilden einen einheitlichen Abschluss mit dem rechten äußeren Briefrand. Der Italiener schreibt den Monat meist aus, wie im Deutschen folgt ein Komma auf den Ortsnamen; – nach der Datumszahl folgt jedoch kein Punkt. Für das Datum sind mehrere Schreibweisen möglich; das Wörtchen *li* vor dem Datum wird heute meist weggelassen:

Monaco, 15 giugno 20..   Monaco, 15. 06. 20..   bzw. 15/06/20..

3. Anschrift des Empfängers (indirizzo del destinatario)

Die Anschrift des Empfängers kann sowohl links als auch rechts im oberen Viertel des Briefbogens stehen. Auf die in Italien gebräuchliche höfliche Bezeichnung des Empfängers (Gent., Egr., bei Firmen: Spett.) folgen der Name der Person oder Firma und die Straße mit der Hausnummer, die durch ein Komma abgetrennt wird.

Die Postleitzahl (Codice di Avviamento Postale, CAP) ist fünfstellig; die letzten beiden Ziffern beziehen sich bei Provinzhauptstädten auf den Stadtteil und bei kleineren

9

Städten auf den Zustellungsbereich. Um Irrtümer zu vermeiden, werden die bei Kfz-Kennzeichen gebräuchlichen Abkürzungen der jeweiligen Provinz hinzugefügt. Man schreibt

a) an Einzelpersonen:

Egregio Sig.	Gent.ssima Sig.ra
Michele Orsolini	Adalgisa Freni
Via Buonarroti, 33	Corso Vittorio Emanuele, 124
I-20149 MILANO / MI	20052 MONZA / MI

b) an Firmen:

Spett.le	Spett. Ditta
LAMO S.P.A.	M.S.V. Industria Farmaceutica
Via Clerici, 4/6	Via XXIV Maggio, 52
I-00181 ROMA / RM	I-35031 ABANO TERME / PD

Ist der Brief an eine bestimmte Person gerichtet, steht unter der Anschrift: Alla cortese attenzione (*oder:* c.a.) del Sig. ...

Ist der Brief an verschiedene Personen gerichtet, schreibt man:

per conoscenza (p.c.):	Spett. SAI Assicurazioni
	Piazza Cavour, 96
	I-40124 BOLOGNA / BO
e p.c.	Dott. Mario Rossi
	Via Mazzini, 5
	I-20017 RHO / MI

oder man verbindet die verschiedenen Adressen auf gleicher Höhe mit diesem Vermerk.

Handelt es sich um einen vertraulichen oder persönlichen Brief, kennzeichnet man ihn mit *(lettera) confidenziale* bzw. *(lettera) personale*.

4. Bezugszeichen (riferimento) und Stichwortzeile (oggetto)

In italienischen Geschäftsbriefen stehen die Bezugszeichen entweder zwischen Anschrift und Anrede oder unter dem Datum.

Beispiel:　　Prot. N° ... Vs. rif. ... ns. rif. ...
　　　　　　　Da citare nella risposta ...

Die Stichwortzeile steht vor der Anrede und fasst den Inhalt des Briefes zusammen.
Beispiel:　　oggetto: invio documenti relativi all'offerta

5. Anrede (introduzione)

Wie in der deutschen Geschäftskorrespondenz werden auch in Italien Briefe an Firmen häufig ohne die einleitende Anrede «Gentili Signori» oder «Egregi Signori» geschrieben; man trifft sie jedoch vielfach noch an. An Einzelpersonen richtet man die Anrede:

Gentile Signora, Egregio Signore, Egregio Avvocato,

oder auch: Egregio Dottor Rossi, ...

Kennt man sich gut, kann «Caro Signore», «Caro Dottore», usw. den Brief einleiten. Ab und zu trifft man auch auf die Anrede «Egregio Commendatore» und «Egregio Cavaliere», wobei es sich um Ehrentitel handelt.

Die höfliche Anrede «Sie» im Brieftext wird ausgedrückt durch:

a) *Lei* + Verb in der 3. Person Singular,
wenn es sich um eine einzelne Person handelt.

b) *Voi* + Verb in der 2. Person Plural, oder, sehr formell,
Loro + Verb in der 3. Person Plural,
wenn es sich um mehrere Personen handelt.

Die Personalpronomen *Lei, Voi* und *Loro* können groß- und kleingeschrieben werden. Jedoch trifft man im geschäftlichen Briefwechsel meist die Großschreibung an.

6. Brieftext (corpo della lettera)

Der italienische Brief beginnt mit einem Großbuchstaben, obwohl nach der einleitenden Anrede ein Komma steht. Der Aufbau eines Briefes entspricht dem deutschen.

Beim Brieftext ist besonders auf die richtige Verteilung des verfügbaren Raumes und auf die Einteilung des Textes in einzelne Abschnitte für jeden neuen Gegenstand zu achten. Gleichmäßiger Rand, keine schlechten oder unerlaubten Trennungen *(vgl. S. 16)*, genügend Raum für Schlussformel und Unterschrift sind im Auge zu behalten. Man vermeide, dass der Text des Briefes die ganze Seite füllt und nur die Schlussformel auf die nächste Seite kommt.

7. Schlussformel (conclusione)

Die Höflichkeitsformeln sind kürzer und nüchterner geworden; meist werden sie in den Schlusssatz mit einbezogen *(vgl. S. 16)*.

Üblicherweise schreibt man:

Cordiali saluti
Cordialmente } – Mit freundlichen Grüßen
Con i nostri migliori saluti

Distintamente Vi salutiamo
Distinti saluti } – Hochachtungsvoll
Distintamente

8. Unterschrift (firma)

Sie steht unter dem Firmennamen, der generell noch mit dem rechten Rand abschließt oder in die Mitte unter den Brieftext rückt. Die Vornamen sollten ausgeschrieben werden. Häufig erfolgt auch die Bezeichnung der ausgeübten Stellung: *il Direttore* oder *il Responsabile.*
Ein Prokurist zeichnet in Prokura: *p.pa* bzw. *p.p.* bzw. *ppa (per procura).*
Angestellte können im Auftrag zeichnen: *p.* oder *p.o. (per ordine).*

9. Diktatzeichen (iniziali)

Ist auf dem Briefpapier keine eigene Spalte dafür vorgesehen, erscheinen sie am Ende des Briefes links unten in Großbuchstaben (der/des Diktierenden), gefolgt von denen der Sekretärin bzw. Schreibkraft in Kleinbuchstaben.

10. Anlagen (allegati)

Fügt man dem Brief etwas bei, so vermerkt man dies am Ende kurz durch einfache Angabe oder durch eine nähere Beschreibung:

	allegati: N° 4
bzw.	all.: listino prezzi

Eine Nachschrift sollte man möglichst vermeiden. Wenn man sie dennoch benötigt, leitet man sie mit P.S. (post scriptum) ein.

Wichtige Vermerke auf Briefen und Briefumschlägen

Annahme verweigert	rifiutato dal destinatario
Bitte nachsenden	prego inoltrare / far proseguire
Drucksache	Stampati, Stampe
Eilboten; eilt	Espresso; urgente
Einschreiben	Raccomandata
Geschäftsdokumente	Documenti d'affari
Empfänger unbekannt	destinatario sconosciuto
Empfänger verzogen	destinatario trasferito
Luftpost	per via aerea
Nachnahme	Contrassegno
Persönlich	lettera personale
Postlagernd	Fermo posta
Warenmuster	Campione senza valore
Wertangabe	Valore dichiarato
Zurück an Absender	rispedire al mittente
vertraulich	lettera confidenziale

Das Telefax

Das Telefax ist ein fester Bestandteil der modernen Handels- und Geschäftskorrespondenz geworden. Telefaxe sind Geschäftsbriefe, die meist weniger formgebunden sind und die entweder über Faxgeräte oder auch per Computer geschickt werden können. Beim Faxen sollten zumindest Absender und Empfänger und die entsprechende Faxnummer erwähnt werden:

TELEFAX

Per: Sig. Klaus Thiele, Fokus GmbH
           Fax: 00 49 89 5400323
Da: Roberto Zerega, Agriturist s.r.l
Ogg.:   conferma ordine
Data: 2 febbraio 20...
Pagine: 1

Die E-Mail

Einen Brief schreiben und anschließend per Mausklick schicken: mehr erfordert eine E-Mail nicht. Egal ob es sich um kurze persönliche Mitteilungen oder lange Geschäftsbriefe handelt: die Nachrichten erreichen meist innerhalb von Sekunden ihr Ziel, selbst wenn der Empfänger sich auf einem anderen Kontinent befindet.

Bei geschäftlicher Nutzung dieser Kommunikationsart sollte man wenigstens einmal täglich in der eigenen Mailbox nach neuen Nachrichten sehen und entsprechend schnell darauf reagieren.

Aufgrund der Schnelligkeit und Unmittelbarkeit des Mediums sind E-Mails oft etwas weniger formell abgefasst als konventionelle Briefe und haben oft eher den Charakter mündlicher Mitteilungen.

Absenderadresse und Datum erscheinen automatisch, der Betreff muss hingegen in das vorgesehene Feld eingetragen werden:

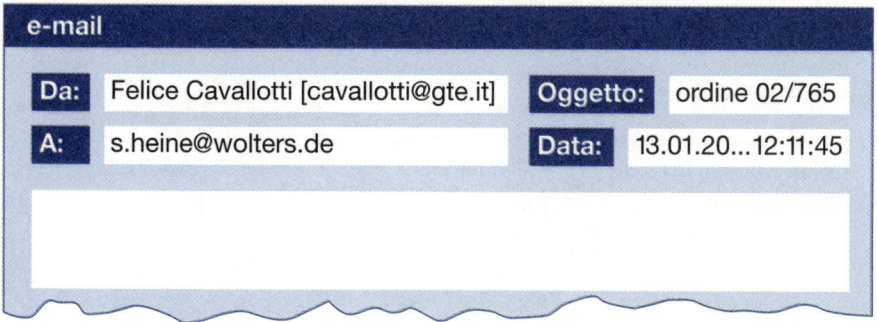

Einleitungs- und Schlussformeln

1. Einleitungsformeln

a) Bezug auf vorausgegangene Schreiben oder Gespräche

- *Con riferimento alla Vostra circolare del ...*
  Unter Bezugnahme auf Ihr Rundschreiben vom ...

- *Mi riferisco alla pregiata Vostra del ...*
  Bezug nehmend auf Ihr geschätztes Schreiben vom ...

- *Riferendoci alla Vostra del 12 corr., Vi ringraziamo per la fiducia accordataci.*
  Wir nehmen Bezug auf Ihr Schreiben vom 12. d.M. und danken Ihnen für das uns erwiesene Vertrauen.

- *Riscontriamo la pregiata Vs. dell'8 c.m. ...*
  Wir beziehen uns auf Ihr geschätztes Schreiben / In Beantwortung Ihres geschätzten Schreibens vom 8. d.M., ...

- *Abbiamo ricevuto la Vostra cortese lettera ...*
  Wir haben Ihren freundlichen Brief erhalten ...

- *Rispondiamo alla Vs. del 2 corr. con la quale ...*
  In Beantwortung Ihres Schreibens vom 2. d.M., mit dem Sie ...

- *In risposta alla gradita Vostra del ...*
  Unter Beantwortung Ihres geschätzten Schreibens vom ...

- *In conformità di quanto comunicatoVi con la ns. del ...*
  Gemäß unserem Schreiben vom ...

- *Facendo seguito / In riferimento al colloquio avuto con il dott. Rossi, ...*
  Wir beziehen uns auf unser Gespräch mit Herrn Dr. Rossi, ...

- *A seguito / A conferma della ns. comunicazione telefonica con il Sig. ... del ...*
  Bezug nehmend auf / Wir bestätigen unser Telefongespräch mit Herrn ... vom ...

- *Facciamo seguito alla Vs. comunicazione telefonica del ...*
  Wir beziehen uns auf Ihre telefonische Mitteilung vom ...

- *Confermiamo quanto Vi abbiamo comunicato telefonicamente ...*
  Wir bestätigen unser Telefongespräch ...

- *Ci pregiamo farLe presente che ...*
  Gern teilen wir Ihnen mit, dass ...

b) betreffend Warenversand

- *Abbiamo appreso / Avendo appreso che avete ottenuto ...*
  Wir erfuhren, dass Sie ... erhalten haben.

- *Vi informiamo che ci è pervenuta la merce ...*
  Wir teilen Ihnen mit, dass wir die Ware erhalten haben ...

- *Ci pregiamo spedirVi ...*
  Wir freuen (beehren) uns, Ihnen ... schicken zu können.

– Vi saremmo grati se vorrete cortesemente fornirci ...
Wir wären Ihnen dankbar, wenn Sie uns ... liefern könnten.

– Riceviamo in data odierna l'ordine conferitoci ...
Wir erhalten zum heutigen Datum Ihre Bestellung ...

– Attenendoci alle Vs. istruzioni, abbiamo ...
Gemäß Ihren Anweisungen haben wir ...

– Favorite spedirci con cortese urgenza ...
Wir bitten Sie, uns schnellstmöglich ... zu schicken.

– Gradiremmo sapere se foste in grado di ...
Wir bitten um Bescheid, ob es Ihnen möglich ist ...

– Purtroppo non possiamo spedirVi ... per la data da Voi desiderata.
Leider können wir Ihnen ... zum gewünschten Zeitpunkt nicht liefern.

c) Mahnung, Bedauern, Entschuldigung

– Vi invitiamo a comunicarci se ...
Wir bitten Sie um Mitteilung, ob ...

– Vi facciamo rilevare / osservare che ...
Wir möchten Sie darauf hinweisen, dass ...

– Ci permettiamo ricordarVi ...
Wir erlauben uns, Sie an ... zu erinnern.

– Siamo privi a tutt'oggi di una risposta alla ns. del ...
Auf unser Schreiben vom ... haben wir bis heute keine Antwort erhalten ...

– Da un esame della ns. contabilità risulta ...
Aus einer Prüfung durch unsere Buchhaltung ergibt sich ...

– Con nostro vivo rincrescimento dobbiamo rilevare / Vi comunichiamo che ...
Zu unserem großen Bedauern müssen wir feststellen / teilen wir Ihnen mit, dass ...

– Dobbiamo notare con vivo disappunto ...
Mit großem Bedauern müssen wir feststellen, ...

– Vogliate scusarci / Vi preghiamo di scusarci per la spedizione ritardata, ma ...
Wir bitten den verspäteten Versand zu entschuldigen, aber ...

– Ci rincresce informarVi / comunicarVi che ...
Es tut uns Leid Ihnen mitteilen zu müssen, dass ...

d) Anlagen

– Allegato alla presente Vi rimettiamo ...
Beiliegend / Beigefügt / Als Anlage übersenden wir Ihnen ...

– Alleghiamo / Uniamo alla presente ...
Wir fügen dem Schreiben ... bei.

2. Schlussformeln

– *Nella fiducia di ..., Vi preghiamo di gradire i ns. migliori saluti.*
In der Hoffnung auf ... verbleiben wir mit freundlichen Grüßen
– *Con i (nostri) migliori saluti / Gradite i nostri migliori saluti.*
Mit den besten Grüßen / Mit freundlichen Grüßen

Vogliate gradire / Gradite ⎤   *i ns. migliori saluti*
Vi preghiamo di gradire   ⎬ *distinti saluti*
Vi porgiamo   ⎦ *più distinti saluti*
Mit besten (freundlichen) Grüßen

Distinti saluti
Vi salutiamo distintamente / con (perfetta) stima
Mit freundlichen Grüßen / Hochachtungsvoll

3. Glückwunschformeln

– *Tanti auguri per ...! / Congratulazioni! / Felicitazioni vivissime!*
Herzlichen Glückwunsch zu ... / Alles Gute! / Beste Glückwünsche!
– *Vogliate gradire il nostro augurio per ...*
Bitte nehmen Sie unsere Glückwünsche / besten Wünsche zu(m) ... entgegen.
– *Tanti auguri di buon compleanno!*
Herzlichen Glückwunsch zum Geburtstag!
– *I miei migliori auguri di buon compleanno!*
Meine besten Glückwünsche zum Geburtstag!
– *Buona Pasqua!* Fröhliche Ostern!
– *Buon Natale ed un felice anno nuovo!*
Fröhliche Weihnachten und ein gutes neues Jahr!

Bemerkungen zur Silbentrennung im Italienischen

Es sind folgende Regeln zu beachten:

1. **Der einfache Konsonant** bildet mit dem nachfolgenden Vokal eine Einheit: a-mo-re.

2. **Doppelte Konsonanten** können getrennt werden: col-le-ga, at-tri-ce, rag-giun-to.

3. Gruppen von **zwei oder mehr Konsonanten** gehören zu der folgenden Silbe, wenn sie als solche am Anfang eines anderen italienischen Wortes stehen können, z. B.: pa-dre, na-stro, a-scol-to, ci-clo, ze-bra, de-trar-re.
Ist das nicht der Fall, so bildet der erste Konsonant mit dem vorhergehenden Vokal eine Einheit; die restlichen Konsonanten gehören zu dem folgenden Vokal: sem-pli-ce, con-cre-to, par-la-re, al-to.

4. Nicht getrennt werden die Konsonantengruppen gl, gn, sc, ch und gh: im-pe-gnar-si, fa-scia, co-ni-gli.

5. Zwei oder mehr aufeinander folgende **Vokale** werden nicht getrennt, wenn sie einen Diphthong oder Triphthong bilden: aiu-to, scien-za, tea-tro. Getrennt werden dagegen Vokale, die verschiedenen Silben angehören: a-e-re-o, pa-u-ra.

6. Der **Apostroph** ist, streng genommen, kein Trennungszeichen, dürfte also nicht am Zeilenende stehen. Korrekt sollte man trennen: un'of-fer-ta, dal-l'or-to-la-no. Diese strenge Regel wird jedoch zunehmend vernachlässigt; häufig findet man den Apostroph am Zeilenende, wobei der Trennungsstrich entfällt.

Bemerkungen zur Interpunktion im Italienischen

Die italienische Schriftsprache verwendet dieselben Satzzeichen wie die deutsche, doch ist der Gebrauch bisweilen anders. Abweichungen bestehen vor allem beim Gebrauch des **Kommas:** Es steht im Italienischen häufig dort, wo eine Sprechpause gemacht wird. Vor Nebensätzen, die mit se *wenn, ob* und **che** *dass* eingeleitet werden (non so se verrò, ho sentito che ti sei trasferita), sowie vor Infinitiven (ti scrivo per dirti che ...) steht im Italienischen gewöhnlich kein Komma. Vor Relativsätzen fehlt ebenfalls das Komma, sofern sie zum Verständnis des Hauptsatzes erforderlich sind (la donna che porta il cappello è la moglie del signor Rossi). Dagegen können adverbiale Bestimmungen in Kommata eingeschlossen werden.

Das **Semikolon** wird im Italienischen häufiger als im Deutschen verwendet; es steht gewöhnlich nach einer Rede, die einen oder mehrere Sätze einschließt, aber nur ein Teil eines größeren Ganzen ist. Es bezeichnet eine längere Pause im Satzgefüge.

Interpunktionszeichen und sonstige Angaben im Text

Punkt	.	punto
Punkt, Absatz	.	punto (e) a capo
Komma	,	virgola
Semikolon	;	punto e virgola
Doppelpunkt	:	due punti
Auslassungspunkte	...	puntini (di sospensione)
Fragezeichen	?	punto interrogativo (di domanda)
Ausrufezeichen	!	punto esclamativo
Apostroph	'	apostrofo
Gedankenstrich	–	lineetta
Bindestrich	-	trattino
Schrägstrich	/	barra
Anführungszeichen	«...»	virgolette aperte/chiuse
Klammer auf	(	parentesi aperta
Klammer zu	)	parentesi chiusa
eckige Klammern	[ ]	parentesi quadra
runde Klammern	( )	parentesi tonda
Großbuchstaben	ABC	lettere maiuscole

Kleinbuchstaben	abc	lettere minuscole
abgekürzt	Sig.	abbreviato
unterstreichen		sottolineare
unterstrichen	<u>Lit.</u>	sottolineato
in Worten	mille Lire	in lettere
in Zahlen	1000	in cifre
Euro-Zeichen	€	simbolo dell'euro
Pfund-Zeichen	£	simbolo della sterlina
Dollar-Zeichen	$	simbolo del dollaro
Und-Zeichen	&	«e» commerciale
Prozent-Zeichen	%	simbolo del percento
Überschrift		titolo
Absatz		paragrafo
römische Zahlen	XVI	cifre romane
arabische Zahlen	1, 2, 3	cifre arabiche

Groß- und Kleinschreibung

Großgeschrieben werden nur Wörter am Satzanfang, Titel und Eigennamen.
Kleingeschrieben werden Wochentage, Monate, Nationalitäten, Sprachen und auch
Titel, wenn ihnen ein Name folgt.

Da: vertrieb@bremer.com
A: p.foppetti@cantine.it
Oggetto: rappresentanza in Germania
Data: 30.10.20..   15:35:12

Egregio Dottor Foppetti,

abbiamo avuto il Vostro pregiato nominativo dalla Camera di Commercio Italo-tedesca di Monaco di Baviera, cui abbiamo richiesto una lista di produttori di vini d'alta qualità.

La Bremer AG è uno dei maggiori importatori di vini – in particolare francesi – attivi in Germania. Per ampliare la nostra offerta e offrire anche una scelta di vini italiani, saremmo interessati a entrare in relazioni d'affari con viticultori della Vostra regione.

Disponiamo di più magazzini sul territorio nazionale, di un'ottima rete distributiva con più di 30 rappresentanti e siamo in grado di promuovere efficaci campagne pubblicitarie.

Se interessati, Vi preghiamo di inviarci alcuni campioni dei Vostri prodotti insieme al listino prezzi. Vi saremmo inoltre grati se vorrete farci conoscere le Vostre condizioni, in particolare la forma di pagamento e i possibili sconti per grossi ordini.

Informazioni sul nostro conto possono essere richieste alla Dresdner Bank di Monaco. Inoltre Vi invitiamo a visitare il nostro sito: www.Bremer.de

Speriamo di leggerVi presto e, nell'attesa, Vi porgiamo i nostri migliori saluti.

Heiko Petersen
Vertriebsleiter

Bremer AG, Innsbrucker Ring 91,
81673 München, Tel. 089-4487642

nominativo	Name
Camera di Commercio	Handelskammer
importatore *m*	Importeur
attivo	tätig
ampliare	erweitern
scelta	Auswahl
relazione d'affari	Geschäftsbeziehung
viticoltore *m*	Weinbauer
disporre di	verfügen über
magazzino	Lager
promuovere	in die Wege leiten
efficace	erfolgreich
campagna pubblicitaria	Werbekampagne
campione *m*	Muster
listino prezzi	Preisliste
forma di pagamento	Zahlungsart
sito	Web-Seite

2 Bestätigung eines Angebots
Conferma di un'offerta

Essen, 16 luglio....

Spett.le
Cav. Luigi PINTO & C.
Via XX Settembre, 20 – 22
I-16100 GENOVA / GE

Egregio Cavaliere,

Abbiamo ricevuto il Suo telegramma del 13 c. m. e siamo lieti di riconfermare la ns. offerta:

- ferro laminato   € .... per tonnellata
- ferro in sbarre   € .... /t
- ghise bianche   € .... /t
- ghise grige   € .... /t

Come ha potuto rilevare, possiamo offrire un prezzo del tutto favorevole che siamo in grado di permetterci in quanto la ns. azienda esporta i suddetti prodotti in tutto il mondo e non soltanto nella UE. La merce sarà spedita tra un mese, a decorrere dalla data odierna, a mezzo del piroscafo «TIRRENIA», con partenza dal porto di Brema.

Le ns. condizioni di pagamento sono:

- C.I.F. Genova
- 1/3 D/P, l'ammontare rimanente dell'ordinazione a 4 mesi, pagabile con due cambiali
- l'imballaggio è fatturato a costo.

Dobbiamo ricordarLe che non possiamo fornire la merce se la Sua Ditta non è in regola con la documentazione necessaria.

In attesa di Sue notizie, La preghiamo di gradire i nostri migliori saluti.

Deutsche Ruhrwerke AG

---

ricevere erhalten
ferro laminato Walzeisen
tonnellata Tonne
ghisa *f* Gusseisen
rilevare feststellen
favorevole günstig
azienda Betrieb
a decorrere da ab
data odierna heutiges Datum
a mezzo di mit
condizione *f* **di pagamento** Zahlungsbedingung
D/P = documenti contro pagamento Dokumente gegen Kasse
ammontare *m* Betrag
ordinazione *f* Bestellung
cambiale *f* Wechsel
imballaggio *m* Verpackung
prezzo di costo *m* Selbstkostenpreis
documentazione necessaria nötige Papiere

Freibleibendes Angebot
Offerta senza impegno

Stuttgart, 26 marzo....

Spett.le Ditta
Ing. SCALCHI & F.
Via Cola di Rienzo, 58
I-00100 ROMA / RM

lettera personale

Egregio Ingegnere,

Ci pregiamo farLe presente che la ns. Ditta fabbrica macchine stradali di vario tipo; inoltre produce motori Diesel da 10 a 200 C.V.

Avendo appreso che Lei ha avuto in concessione dal Ministero Lavori Pubblici la costruzione di un tronco stradale, Le saremmo grati se volesse tenere in considerazione anche la ns. Ditta per i Suoi numerosi fabbisogni.

All'uopo La informiamo che abbiamo 5 compressori Diesel da 18 t e 3 trattori da 180 C.V. pronti ad Amburgo che potrebbero essere imbarcati in qualsiasi momento. Pertanto, se Lei volesse metterli in prova, potremmo imbarcarli sul primo piroscafo in partenza per Napoli, naturalmente tutto ciò senza nessun impegno di acquisto da parte Sua.

Ci auguriamo quindi che la ns. offerta sia di Suo interesse e La induca a trasmetterci un ordine al quale dedicheremo tutta la nostra immediata attenzione.

Nella fiducia di ricevere Sue notizie, La preghiamo di gradire i ns. migliori saluti.

Werner Grunther
Maschinenfabrik AG

fare presente
  aufmerksam machen
fabbricare
  herstellen
macchina stradale
  Straßenbaumaschine
produrre
  herstellen
avere in concessione
  Konzession haben für
tronco Abschnitt
fabbisogno Bedarf
all'uopo wenn nötig
compressore *m*
  Straßenwalze
imbarcare
  verschiffen
mettere in prova
  erproben
impegno *m*
  Verpflichtung
acquisto *m* Kauf
augurarsi hoffen
indurre veranlassen
trasmettere
  übermitteln
ordine Auftrag

4 Bestätigung eines Probeauftrags
Conferma di offerta di prova

TELEFAX

Per: Dott. Ginzburg, Mannes GmbH
Fax: 0221-34587
Da: Romeo Badini, ESTEA s.p.a.
Tel. dalla Germania: 00 39 0187 889 003-12
Fax: 00 39 0187 889 003-15
Ogg.: conferma ordine di prova
Data: 12 marzo 20...
Pagine: 1

Egregio Dott. Ginzburg,

con la presente confermiamo d'aver ricevuto il
Vostro gradito ordine del giorno 11 c.m.

La ringraziamo di aver accettato la nostra offerta e
confermiamo che l'ordine ha carattere di prova,
senza alcun impegno di acquisto da parte Vostra.

L'invio del software richiesto avverrà domani a
mezzo corriere.

Nella speranza che la merce sia di Vostro gradimento e che vogliate pertanto entrare in relazione
d'affari con noi, Vi ricordiamo che è possibile ordinare on line scrivendo all'indirizzo:

ordini@estea.it

e che per tutti gli ordini in arrivo entro le 11 garan-
tiamo l'esecuzione nel giro di 24 ore.

Per ulteriori informazioni sui nostri prodotti Vi invitiamo inoltre a visitare la nostra home page:

www.estea.uffici.it

Certi di ricevere presto Vostre notizie, cogliamo
l'occasione per porgere i nostri migliori saluti.

Romeo Badini
ufficio commerciale
ESTEA s.p.a

con la presente
hiermit
confermare
bestätigen
**avere carattere di
prova** zur Probe
sein
impegno d'acquisto
Kaufverpflichtung
a mezzo corriere
per Kurier
di Vs. gradimento
relazioni d'affari
Geschäftsbeziehung
entro le 11
bis 11 Uhr
esecuzione
Erledigung
nel giro di 24 ore
innerhalb 24 Stunden
**ulteriori informa-
zioni** zusätzliche
Informationen

Braunschweig, 2 febbraio ....

Ditta Walter Oliva
Emporio Ottico
CH-6900 LUGANO

Riscontriamo la pregiata Vostra del 27 u.s. e ci affrettiamo a spedirVi, come richiesto, il listino prezzi aggiornato ed i cataloghi dei ns. nuovi modelli di macchine fotografiche, microscopi, binocoli e lenti di ingrandimento. Come potrete rilevare, la qualità, l'accuratezza di lavorazione come anche i prezzi competitivi non temono la concorrenza del mercato.

Per quanto riguarda il pagamento, gradiremmo che venisse effettuato tramite il clearing svizzero-tedesco. L'imballaggio sarà franco, mentre il trasporto e le altre spese saranno a carico Vostro. Trattandosi di merce leggera e non ingombrante, essa potrebbe esser spedita via aerea da Francoforte, oppure per via ferroviaria.

Vogliate confermarci il Vs. interesse per la ns. produzione alle suddette condizioni, indicandoci anche il mezzo di spedizione da Voi preferito; sarà ns. cura confezionare ed imballare la merce nel modo più adatto. Anche per quanto concerne il certificato di origine, Vi possiamo assicurare di aver già provveduto.

In attesa di un Vs. cenno di riscontro, cordialmente Vi salutiamo.

Richter & Schmidt
Optische Fabrik

All.: n° 5

listino prezzi
Preisliste
aggiornato
aktuell, gültig
lente f di ingrandimento
Vergrößerungsglas
rilevare feststellen
competitivo
wettbewerbsfähig
per quanto riguarda
bezüglich
gradire
angenehm sein
effettuare erfolgen
clearing *siehe S. 40*
imballaggio
Verpackung
franco frei, franko
a carico zulasten
ingombrante sperrig
per via ferroviaria
per Bahn
mezzo di spedizione
Transportmittel
confezionare
verpacken, versandfertig machen
certificato di origine
Ursprungszeugnis
provvedere
erledigen
cenno di riscontro
Antwort, Zeichen

Wuppertal, 4 giugno ....

Spett.le
Ditta LANDINI & C.
Viale Belfiore, 10 – 14
I-41100 MODENA / MO

Egregi Signori,

Abbiamo ricevuto il Vs. indirizzo dalla Ditta ...., ns. conoscente comune e da tanti anni ormai nostro cliente.

Siamo produttori di buona parte della merce da Voi importata e pertanto ci permettiamo di invitarVi ad esaminare il ns. catalogo.

Come avrete modo di constatare dal listino prezzi allegato, riferito alle condizioni per grossisti, gli articoli di ns. produzione non temono alcuna concorrenza. I ns. prezzi comprendono l'imballaggio, mentre il nolo si intende a carico del destinatario.

Le ns. condizioni di pagamento sono netto a 30 gg., sconto del 2% per pagamento entro 10 gg. d.f.

Per quanto riguarda i termini di consegna, Vi assicuriamo di consegnare al ricevimento dell'ordine.

Nella fiducia che i nostri prodotti e le nostre condizioni generali Vi inducano a trasmetterci un ordine, anche a titolo di prova, cogliamo l'occasione per porgere i ns. migliori saluti.

Erwin Horn
Maschinenfabrik GmbH

cliente *m* Kunde
produttore *m* Hersteller
listino prezzi Preisliste
allegare beifügen
grossista *m* Großhändler
concorrenza *f* Konkurrenz
imballaggio *m* Verpackung
nolo Frachtkosten
a carico zulasten
netto a 30 gg. netto in 30 Tagen
sconto *m* Skonto
d.f. = data fattura Rechnungsdatum
termine *m* **di consegna** Lieferzeit
consegnare liefern
al ricevimento bei Erhalt
ordine Bestellung
indurre veranlassen
a titolo di prova probeweise

München, 4 giugno ....

Spett.le
Amorosi & Novelli S.r.l.
Via Zamboni, 73
I-42100 REGGIO EMILIA / RE

oggetto: presentazione motori Diesel e richiesta
apertura relazioni d'affari

Egregi Signori,

Con riferimento alla pregiata Vostra del 16 c.m., siamo lieti di apprendere che avete l'intenzione di dedicarVi al commercio di motori di diverso tipo e che sarete anche in grado di mettere a disposizione il personale tecnico adatto all'occorrenza.

La ns. produzione offre motori verticali ed orizzontali, a due e a quattro tempi; inoltre possiamo fornirVi motori Diesel e motori Wankel a prezzi molto vantaggiosi.

Ulteriori informazioni vogliate cortesemente apprenderle dal materiale illustrativo in allegato.

Con posta separata invieremo inoltre il listino ufficiale dei prezzi sui quali siamo disposti a praticarVi, per grosse quantità, uno sconto del 10% per pagamento alla consegna a mezzo di apertura di credito.

Restiamo in attesa di Vs. notizie e distintamente Vi salutiamo.

Helmut Wranger & Sohn AG

relazione *f* **d'affari**
Geschäftsbeziehung
dedicare widmen
commercio *m*
Handel
essere in grado
in der Lage sein
con posta separata
mit getrennter Post
personale tecnico
techn. Personal,
Fachkräfte
occorrenza *f*
Bedarfsfall
produzione
Herstellung
fornire liefern
materiale *m* **illustrativo** Bildmaterial
ufficiale
offiziell gültig
praticare gewähren
sconto Skonto
**pagamento alla
consegna**
Nachnahme
apertura *f* **di credito**
Krediteröffnung

8 Provisionsgesuch eines Vertreters
Richiesta di provvigione di un rappresentante

➡ Brief 41

Leverkusen, 7 febbraio ....

Dott. Arturo Lippolis
Viale Francia, 84
I-10100 TORINO / TO

A seguito della Sua del 25 u.s., con la quale ci richiedeva la corresponsione di provvigioni oltre alla quota percentuale, ci pregiamo affidarLe il mandato di rappresentanza dei ns. prodotti farmaceutici per il Piemonte e la Lombardia. Il presente mandato tende a premiare la Sua solerzia ed il coscienzioso lavoro da Lei svolto negli ultimi anni per la ns. azienda.

Da oggi in poi Le sarà corrisposta una provvigione del ...% su tutti gli importi effettivamente incassati e per tutti gli affari realizzati. La liquidazione delle provvigioni che Le spetteranno avverrà ogni semestre, cioè il 30/6 ed il 31/12 di ogni anno. Le spese postali, per la corrispondenza a noi indirizzata, Le saranno rimborsate unitamente alle provvigioni.

Lei non può tuttavia, ed in modo categorico, rappresentare altre Ditte farmaceutiche nella zona affidataLe. Il ns. contratto può comunque essere modificato in qualsiasi momento: per lo scioglimento sarà necessario un preavviso di 3 (tre) mesi.

I prezzi per il momento sono invariati e non sono ammessi sovrapprezzi.

Provvederemo immediatamente a spedirLe tutti i campioni necessari per il Suo lavoro, da Lei debitamente controfirmati.

Nel frattempo, La preghiamo di gradire distinti saluti.

Herbert Bauer AG

corresponsione
Auszahlung, Entrichtung
quota percentuale
Prozentbasis
premiare belohnen, auszeichnen
solerzia
Einsatz, Fleiß
svolgere
entfalten, leisten
corrispondere
entrichten, zahlen
realizzare
abschließen
liquidazione
Auszahlung
ogni semestre
halbjährlich
spesa *f* **postale**
Portospesen
rimborsare erstatten
unitamente
zusammen
scioglimento
Kündigung, Auflösung
preavviso
Kündigungsfrist
sovrapprezzo *m*
Preisaufschlag
controfirmare
gegenzeichnen

Angebot für technische Unterstützung
Offerta di assistenza tecnica

Koblenz, 3 ottobre ....

Spett.
Comm. Luigi VALPIANA
Materiale Elettronico
Via Ferraris, 81
I-10100 TORINO / TO

Egregio Commendatore,

In riferimento alla Vostra gradita richiesta del 25 c.m., ci premuriamo informarVi che, per quanto richiestoci, abbiamo già disposto affinché la nostra filiale di Milano avvii il contatto con Voi.

Per i problemi di installazione della telescrivente e dell'utilizzo di altro materiale elettronico, vogliamo mettere a Vs. disposizione il ns. personale specializzato di Milano, che presterà la sua manodopera alle seguenti condizioni:

– diaria per il montaggio al montatore € ....
– eventuali ore straordinarie € ....

Saranno rimborsate anche le spese di viaggio, purché documentate.

La fattura sarà redatta in marchi tedeschi. Le somme, da noi eventualmente anticipate ed i materiali utilizzati dai tecnici per il montaggio, saranno aggiunti all'atto dell'emissione della stessa.

E' nostra consuetudine che tutte le liquidazioni che ci competono siano effettuate tramite banca.

Nella speranza di esserVi utili anche in questa occasione, Vi preghiamo gradire i nostri migliori saluti.

Paul Mocke & Sohn GmbH

---

premurarsi
sich beeilen
avviare starten, in
die Wege leiten
installazione *f*
Montage
telescrivente *f*
Fernschreiber
**personale specia-
lizzato**
Fachpersonal
manodopera
Arbeitskraft
diaria *f*
Tagesspesen
montaggio Aufbau
montatore Monteur
ora *f* **straordinaria**
Überstunde
rimborsare erstatten
purché nur wenn,
vorausgesetzt, dass
redigere ausstellen
anticipare
vorstrecken
emissione *f*
Ausstellen
consuetudine *f*
Gewohnheit
liquidazione *f*
Auszahlung
competere zustehen

10 Geschäftsangebot
Offerta per instaurare relazioni d'affari

Schwerin, 4 marzo ....

Spett.le
Ditta Palmiro Bruschi
Via G. Maletti, 34
I-18100 IMPERIA / IM

Siamo una nota ditta di compravendita fiori, fornitrice della nostra intera regione, e saremmo interessati ad entrare in relazioni d'affari con Voi.

Abbiamo ricevuto il Vs. listino prezzi e perciò Vi preghiamo di farci avere, a stretto giro di posta, le Vs. condizioni di vendita, soprattutto per quanto riguarda i prezzi all'ingrosso ed i rispettivi sconti da praticare. Inoltre vorremmo conoscere anche i Vs. modi di spedizione (termini e mezzi).

Per quanto concerne le condizioni di pagamento, siamo disposti a pagare la merce tramite il ns. conto corrente in valuta presso il Credito Italiano usufruendo delle nuove forme di pagamento all'interno della UE. In tal caso però, Vi chiediamo di farci sapere qual è lo sconto che ci concedereste.

Per informazioni sul ns. conto potrete rivolgerVi alla Stadtsparkasse di Schwerin oppure al Credito Italiano di Roma.

Se la ns. proposta dovesse interessarVi, Vi saremmo grati di una sollecita risposta e, in attesa di Vs. comunicazioni, distintamente Vi salutiamo.

Gerhard Kanzer & Hans Wacht

GK/mv

compravendita *f*
An- und Verkauf
ditta *f* **fornitrice**
Lieferfirma
relazione d'affari
Geschäftsbeziehung
listino prezzi
Preisliste
a stretto giro di posta
postwendend
vendita *f* Verkauf
prezzo all'ingrosso
Großhandelspreis
praticare gewähren
termine *m* Frist
condizione di pagamento
Zahlungsbedingung
conto corrente in valuta
Devisenkonto
usufruire profitieren
sconto Skonto
concedere
gewähren
rivolgersi a
sich wenden an
sollecito
baldig, rasch

Dortmund, 15 gennaio ....

Spett. Fonderie Riunite
Via Leonardo da Vinci, 16
I-05100 TERNI / TR

Accusiamo ricevuta della pregiata Vostra del 9 c.m. e Vi ringraziamo dell'attenzione e della preferenza riservata ai ns. prodotti.

Per quanto riguarda il ns. nuovo tipo di lega leggera con particolari caratteristiche di flessibilità e resistenza, provvederemo a spedirVi un campione con posta separata.

Allegata alla presente troverete la descrizione fotografica dei vari modi di applicazione di questa lega con i suoi risultati ottenuti. Come certamente saprete, questa lega trova sempre maggiore applicazione soprattutto nell'industria automobilistica.

In considerazione delle ns. buone relazioni e dei frequenti ordini conferitici nel passato, siamo disposti a consentirVi particolari sconti, come potete apprendere dal listino prezzi allegato.

Le ns. condizioni di pagamento rimangono invariate, il trasporto potrà avvenire per mezzo di camion, per treno (G.V. o P.V.) oppure per via marittima (F.O.B.).

In attesa dei Vostri graditi ordini inviamo i nostri migliori saluti.

Hermann Kohle & S. AG

All.: Descrizione fotografica

---

fonderia Gießerei
accusare ricevuta
Erhalt bestätigen
preferenza Vorzug
per quanto riguarda
bezüglich
lega f Legierung,
Mischmetall
caratteristica f
Eigenschaft
flessibilità f
Biegsamkeit
campione Muster
descrizione fotografica Fotomaterial
applicazione f
Anwendung,
Gebrauch
risultato Ergebnis
ottenere
erhalten, erzielen
industria automobilistica
Autoindustrie
in considerazione di
in Anbetracht
frequente häufig
conferire un ordine
e. Auftrag erteilen
condizione di pagamento
Zahlungsbedingung
invariato
unverändert
via marittima
per Schiff

12 Rückfragen betreffend Bestellung
Richiesta di chiarimenti riguardo ad un ordine

Köln, 20 giugno ....

Spett.le
Ditta Tessile SABRIN s.n.c.
Via G. Marconi, 28
I-13051 BIELLA / VC

Abbiamo ricevuto in data 15 c.m. tutti i modelli di Vs. fabbricazione e Vi ringraziamo, ma lamentiamo il mancato invio del Vs. campionario da mettere a disposizione della ns. clientela. Oltre a questo, non conosciamo le ragioni del ritardo con il quale state aprendo la campagna pubblicitaria per la prossima stagione primaverile.

Questa mancanza di puntualità ci mette in seria difficoltà con i ns. clienti al punto che siamo stati costretti a rimandare tutti gli appuntamenti presi. Speriamo vivamente che provvediate al più presto, per evitare le citate spiacevoli situazioni.

Inoltre ci permettiamo di suggerirVi di approntare un più vasto assortimento di tessuti e colori.

Infine, per quanto riguarda i prezzi, preghiamo di prendere nota che un ritocco eccessivo verso l'alto potrebbe allontanare la clientela tedesca per la scarsa competitività sul mercato.

Nella fiducia che simili inconvenienti, che rischiano di danneggiare i nostri buoni rapporti, non abbiano più a ripetersi, distintamente Vi salutiamo.

Werner Hahn
Verkaufsgenossenschaft
MODASTOFF

fabbricazione *f*
Herstellung
lamentare
bedauern, bemängeln
invio Zusendung
campionario *m*
Musterkollektion
aprire
eröffnen, starten
campagna pubblicitaria
Werbekampagne
costringere
zwingen
rimandare verschieben, zurückstellen
appuntamento *m*
Verabredung,
Absprache
approntare
herstellen, vorbereiten
assortimento
Sortiment
ritocco verso l'alto
Korrektur nach oben
clientela Kundschaft
competitività
Wettbewerbsfähigkeit
inconveniente *m*
Unannehmlichkeit
rapporto *m hier:*
Geschäftsverbindung

ETTORE COMENCINI & F.LLI
Via Marghera, 234 37100 Verona
Tel. 045124578   Fax 045125678
P.IVA 234567896456

Verona, 23 marzo ....

Firma
Willy Neumann KG
Bahnstrasse 9
D-83022 Rosenheim

oggetto: ordinazione

Egregi Signori,

In occasione della Fiera .... che si è tenuta dal .. al .... in questa città, ho avuto la possibilità di visitare con particolare interesse il Vostro stand.

In quell'occasione il Vostro rappresentante mi ha illustrato, durante il ns. colloquio, le modalità di acquisto per le seghe a motore e mi ha, inoltre, fornito abbondante documentazione illustrativa.

Poiché ho avuto modo di verificare l'ottima qualità dei Vostri prodotti, vorrei ordinare:

5 seghe a motore portatili ed adatte a diversi usi, del tipo S.A.

La merce dovrà essere consegnata qui a Verona, franco ogni spesa postale ed imballaggio, come da Vs. offerta.

Alla consegna, pagherò con un assegno bancario dell'Agenzia locale della Banca Commerciale ed intestato a Voi.

...../2

in occasione di
  anlässlich
fiera Messe
tenersi stattfinden
stand
  Ausstellungsstand
rappresentante
  Vertreter
colloquio Gespräch,
  Unterredung
acquisto *m* Kauf
sega *f* **a motore**
  Motorsäge
documentazione
  illustrativa
  Prospektmaterial
verificare prüfen,
  unter Beweis stellen
avere modo
  Gelegenheit haben
ordinare bestellen
portatile tragbar
consegnare liefern
imballaggio *m*
  Verpackung
assegno bancario
  Bankscheck
intestare ausstellen

Nella speranza che in futuro il mio volume di lavoro abbia un incremento, permettendomi quindi l'acquisto di altre Vostre attrezzature per la falegnameria (seghe a quadro ed a lame multiple, ecc.).

Mi auguro che, in tal caso, mi possiate accordare prezzi con sconti speciali.

In attesa della merce e di un Vostro cortese cenno di riscontro, cordialmente Vi saluto.

Ettore Comencini

volume di lavoro
  Arbeitsumfang
incremento
  Steigerung
attrezzatura *f*
  Ausstattung
falegnameria
  Schreinerei
lama *f* Sägeblatt
merce Ware
cenno di riscontro
  Rückantwort

Auftragsbestätigung
Conferma d'ordine

14

Da: R. Vollbaum
[rv@dietrich.de]
A: com@sape.it
Oggetto: conferma ordine
Data: 13.01.20.... 15:00:01

Egregi Signori,

Ci riferiamo alla Vostra del 6 c.m. e Vi confermiamo di aver ricevuto l'ordinazione di 4 montacarichi. Vi ringraziamo e Vi assicuriamo che il Vostro ordine è stato eseguito in conformità alle Vs. istruzioni. La merce sarà imbarcata sul piroscafo LOIRA, come da Voi richiesto, in partenza da questo porto.

Siamo però spiacenti doverVi comunicare che tutto ciò non potrà avvenire prima del giorno 25 p.v., conseguentemente alla sosta forzata della nave in cantiere. Partirà perciò entro e non oltre il giorno 25 p.v. e giungerà a Genova con ogni probabilità entro il giorno 29 p.v. Vi assicuriamo di aver fatto tutto il possibile per provvedere in breve termine.

La responsabilità del carico e del materiale è a carico nostro fino quando non giungerà a destinazione.

Circa le modalità di pagamento confermiamo i ns. accordi (D/A). Sarà comunque ns. cura spedirVi il titolo di garanzia con posta separata.

Ci auguriamo di leggerVi presto, ed in attesa Vi porgiamo i nostri più distinti saluti.

Reiner Vollbaum
Dietrich GmbH

ordinazione *f*
Bestellung
montacarico *m*
Lastenaufzug
eseguire ausführen
in conformità a
gemäß, nach
istruzione
Anweisung
cantiere *m* Werft
entro e non oltre
bis spätestens
in breve termine
kurzfristig
carico *m* Ladung
a carico di
zulasten von
destinazione
Bestimmungsort
modalità *f* **di**
pagamento
Zahlungsmodus
confermare
bestätigen
D/A = documenti
contro accettazione
Dokumente gegen
Akzept
cura *f* Bemühung
titolo *m* **di garanzia**
Garantieschein

15 Bestätigung eines Probeauftrags
Conferma di un ordine di prova

➡ Brief 81

Recklinghausen, 13 agosto ....

Spett.le Ditta
LENZI & F.
Industria Tessile
I-50047 PRATO / FI

oggetto: ordine No. AB/11194

Egregi Signori,

Siamo in possesso della Vostra ordinazione effettuata in data 10 u.s., con la quale ci chiedete di inviarVi – a titolo di prova – la merce richiesta (vedi conferma allegata).

Vi confermiamo, dunque, che la merce sarà spedita tramite l'Agenzia KNAAP di Dortmund non appena possibile, e comunque, entro e non oltre il 25 s.m.

Allegheremo la fattura commerciale ed i relativi documenti di spedizione.

L'imballaggio sarà accurato affinché la merce arrivi nelle condizioni migliori.

Ci dispiace che le ns. condizioni di pagamento (D/P) non incontrino il Vs. favore, ma Vi assicuriamo che, nel caso di acquisti più consistenti, saremo disposti a concederVi condizioni più vantaggiose.

Nella fiducia di ricevere Vostri futuri ordini, Vi preghiamo di gradire i nostri migliori saluti.

Kunststoffwerke AG

ordinazione
Bestellung, Auftrag
effettuare ausführen
a titolo di prova
zur Probe
tramite durch
non appena sobald
entro e non oltre
bis spätestens
fattura commerciale
Handelsrechnung
documenti di spedizione
Versandpapiere
imballaggio *m*
Verpackung
accurato sorgfältig
D/P = documenti contro pagamento
Dokumente gegen Kasse
incontrare treffen
acquisto *m* Kauf
consistente
bedeutend, umfangreich
vantaggioso
günstig, vorteilhaft
ricevere erhalten

Sprendlingen, 4 novembre ....

Spett.le
Industrie Ceramiche Riunite
Via Virgilio, 20
I-36061 BASSANO DEL GRAPPA / VI

In riferimento al ns. ordine n° 111 del 13 sett. c.a.
ed alla successiva Vostra del 30 s.m. con la quale
ci assicuravate la disponibilità della merce in deposito presso il Vs. magazzino e quindi la consegna
tempestiva, (secondo il Vs. agente il 20 ottobre
termine ultimo per la spedizione), dobbiamo purtroppo constatare che contrariamente alle Vs.
affermazioni non abbiamo ancora ricevuto né la
merce né l'avviso di spedizione.

Trattandosi di articoli natalizi e trovandoci già totalmente sprovvisti di tutta la merce richiestaVi, ci
troviamo ora in serie difficoltà con la ns. clientela
a causa della Vs. trascuratezza.

Cercheremo di rimediare – tramite il ns. agente –
rivolgendoci ad altra ditta, riservandoci nel contempo di citarVi in giudizio per rimborsarci dei
danni che deriveranno dalla mancata disponibilità
della merce.

Vogliate quindi ritenere il ns. ordine annullato.

Distinti saluti.

Lorenz Hoffmann & Kurt Brink

KB/cd

disponibilità
Verfügbarkeit
tempestivo sofortig
termine *m* **ultimo**
äußerster Termin
contrariamente a
entgegen
affermazione
Zusage, Behauptung
avviso *m* **di spedi-**
zione
Versandanzeige
natalizio
Weihnachts...
sprovvisto di
ohne, unversorgt
trascuratezza
Nachlässigkeit
agente Vertreter
riservarsi
sich vorbehalten
nel contempo
gleichzeitig
citare in giudizio
verklagen
rimborsare del danno
entschädigen
derivare sich erge-
ben, entstehen
ritenere
zur Kenntnis nehmen

17 Bestätigung eines Auftrags nach Muster
Conferma di un ordine secondo campione

Celle, 20 agosto ....

Spett. Ditta
Ing. Lanfranco PINO
Via Mameli, 2
I-19100 LA SPEZIA / SP

Riscontriamo la pregiata Vostra del 15 u.s., con la quale ci fate pervenire il Vs. gradito ordine. Abbiamo subito dato le opportune istruzioni e possiamo assicurarVi che è già in corso di esecuzione.

Vi ringraziamo per la preferenza accordataci e Vi confermiamo le condizioni contrattate con il ns. rappresentante.

Siamo altresì lieti di poter confermare la Vs. richiesta della fornitura completa e posa in opera della merce.

Per quanto concerne le condizioni stabilite, ripetiamo:

a) fornitura completa e posa in opera saranno eseguite entro 3 mesi, a partire da oggi;
b) i prezzi si intendono al netto, con lo sconto speciale del 3% su ns. listino prezzi;
c) spedizione via mare, imbarco della merce a Brema;
d) consegna: F.A.S.;
e) pagamento: 1/3 d.f., 2/3 a 60 gg., L/C.

Restiamo a Vostra disposizione per qualsiasi occorrenza e ci auguriamo di poterVi annoverare fra i nostri migliori clienti.

Distinti saluti.

Emil Bauer
Maschinenfabrik AG

ordine
  Bestellung
opportuno
  passend, entsprechend
dare istruzione
  Anweisung geben
accordare preferenza
  Vorzug gewähren
contrattare
  vereinbaren
altresì auch, ferner
fornitura Lieferung
posa f **in opera**
  Montage, Installation
stabilire
  vereinbaren, festlegen
entro innerhalb
eseguire ausführen
prezzo al netto
  Nettopreis
sconto speciale
  Sonderrabatt
imbarco m
  Verschiffung
L/C = lettera di credito Kreditbrief
occorrenza f
  Bedarfsfall
annoverare
  zählen zu

Zurückstellung eines Auftrags
Rinvio di un ordine

Da: silvio.repetto@lauri.it
A: Marco Becker
Oggetto: Ordine CA/7430 ritardo consegna
Data: 23.11.20.... 17:32:00

Siamo spiacenti di doverVi comunicare che siamo
costretti a rimandare l'evasione dell'ordine n.
CA/7430.

L'inconveniente è dovuto allo sciopero dei portuali
di cui forse avrete avuto notizia per mezzo della
stampa e della televisione. Tale sciopero ha provo-
cato la totale paralisi di tutte le attività portuali per
tre giorni consecutivi.

Per questa ragione non ci sarà possibile effettuare
la spedizione prima di lunedì prossimo.

Per ovviare a questo contrattempo, siamo disposti
a concederVi uno sconto del 5 % sul valore della
fattura. Vogliate pertanto farci cortesemente sapere
se Vi è possibile attendere ancora qualche giorno
o se dovete annullare l'ordine.

Nella speranza che questo ritardo, dovuto comunque a cause indipendenti dalla nostra volontà, non
Vi causi troppo danno e in attesa di ricevere Vostre
notizie, porgiamo distinti saluti.

Silvio Repetto
direttore vendite

ritardo consegna
Lieferverzug
costretto gezwungen
rimandare ver-
schieben
evasione *f* Erledi-
gung
inconveniente *m*
Unannehmlichkeit
sciopero Streik
portuale *m* Hafen-
arbeiter
stampa Presse
paralisi *f* Stillstand
consecutivo hinter-
einander
effettuare ausführen
ovviare abhelfen
contrattempo
Zwischenfall
annullare un ordine
einen Auftrag
stornieren
indipendente da
unabhängig von
danno Verlust

19 Auftragsbestätigung und vorläufige Versandanzeige
Conferma di un ordine e preavviso di spedizione

➡ Brief 27

Bamberg, 25 maggio ....

Spett.
CONTI S.p.A.
Zona Industriale
I-21100 VARESE / VA

Egregi Signori,

Ringraziamo per la preferenza accordataci e ci pregiamo di confermare il seguente ordine conferitoci tramite il ns. viaggiatore:

– 1 alesatrice tipo XY
– 1 broccia tipo «Beta», a taglienti multipli trasversali.

Purtroppo non siamo in grado di darVi l'esatta data di consegna in quanto il ns. corriere, la Ditta «Trust» di Bamberg alla quale affidiamo tutte le ns. spedizioni, sta subendo dei ritardi notevoli a causa del blocco dei suoi TIR alla frontiera Italia–Austria per gli scioperi in corso. Comunque sarà ns. cura darVi immediato avviso dell'avvenuta spedizione.

Come da ns. accordi precedenti, siamo lieti di riconfermare quanto segue:

– imballaggio gratuito
– merce franco Vs. magazzino
– pagamento a 30 gg. d.f. netto sconti.

Scusandoci ancora per il ritardo, rimaniamo a Vs. completa disposizione per ogni chiarimento.

Con i migliori saluti.

Lutz Hermann
Maschinenfabrik

preferenza Vorzug
pregiarsi
  sich beehren
conferire erteilen
tramite durch
alesatrice *f*
  Bohrmaschine
tagliente *m* Schneide
data di consegna
  Liefertermin
corriere
  Kurier, Frachtdienst
spedizione *f*
  Transport
subire erleiden
blocco *m* Blockade
avvenuto erfolgt
come da gemäß
franco magazzino
  frei Lager
netto sconti
  ohne Abzug
chiarimento *m*
  Klärung, Erläuterung

Da: Julius Hander
[Hander@zimmermann.de]
A: maris.deangeli@met.it
Oggelto: conferma ordine
Data: 25.09.00   18:30:45

Prot. N°: 1456/94

Egregi Signori,

In riferimento alla ns. conversazione telefonica di ieri 24 corr. e all'ordine conferitoci, Vi diamo la ns. accettazione incondizionata dell'ordine di N° 5 saldatrici.

Accettiamo il Vs. ordine alle condizioni della ns. offerta speciale del mese di luglio. Come anticipato telefonicamente, evaderemo immediatamente l'ordine a pagamento avvenuto a mezzo versamento bancario (c.c. 1234/56 Banca Commerciale).

La merce è già in magazzino pronta, pertanto, alla spedizione via ferroviaria.

I documenti relativi Vi saranno inviati con posta separata.

Augurandoci che questo sia l'inizio di un lungo e proficuo rapporto di lavoro, Vi assicuriamo che da parte nostra faremo tutto il possibile per una continua e fattiva collaborazione.

Distinti saluti.

Julius Hander
Zimmerman GmbH

conferire erteilen
incondizionato
   vorbehaltlos
ordine *m* Auftrag
saldatrice *f*
   Schweißgerät
offerta speciale
   Sonderangebot
anticipare *hier:*
   im Voraus sagen
evadere
   ausführen, erledigen
a pagamento avvenuto
   bei erfolgter Zahlung
pertanto daher
via ferroviaria
   per Bahn
relativo
   diesbezüglich, entsprechend
inizio *m* Beginn
proficuo
   Gewinn bringend
rapporto di lavoro
   Geschäftsbeziehung
continuo dauerhaft
fattivo
   tatkräftig, aktiv

Kassel, 1° luglio ....

Spett.
SOLAM S.r.l.
Via Serra, 41
I-20052 MONZA / MI

Vs. ordine No.1234/99

Ci è pervenuto il Vs. telegramma di ieri con il relativo ordine.

Già dalla ns. comunicazione telefonica Vi abbiamo risposto in modo affermativo e, pertanto, abbiamo subito dato le opportune indicazioni al magazzino.

Per il trasporto ci siamo già rivolti ai locali autotrasportatori i quali ci hanno assicurato che il laminato speciale Vi arriverà entro una ventina di giorni, molto prima di quanto potevamo sperare.

Confermiamo le condizioni pattuite, specificando che metà del trasporto e dell'imballaggio sarà a carico Vostro. Affideremo la fattura, i documenti di spedizione in duplice copia, la polizza di assicurazione ed il certificato di garanzia alla ditta di trasporto. Troverete, altresì, acclusa tutta la documentazione delle reciproche spettanze per poter svolgere, come sempre, il pagamento tramite clearing.

Ci auguriamo quindi che il ns. laminato soddisfi le Vs. esigenze e Vi induca a trasmetterci altri ordini, anche per altri prodotti, ai quali dedicheremo come sempre la nostra immediata attenzione.

Gradite frattanto i ns. migliori saluti.

Alfred Bender KG

affermativo
   zustimmend, positiv
indicazione
   Anweisung
rivolgersi a
   sich wenden an
locale   örtlich, hiesig
laminato
   Walz-, Verbundplatte
pattuire   vereinbaren
affidare   anvertrauen
documenti di spedizione
   Versandpapiere
polizza di assicurazione
   Versicherungspolice
garanzia *f* Garantie
altresì   ebenfalls
spettanza
   Gebühr, Ausstand
svolgere   abwickeln
clearing:
   Verrechnungsabkommen, bei dem nur die Spitzenbeträge per Zahlung oder Kreditierung ausgeglichen werden
esigenza   Anspruch
indurre   veranlassen
dedicare   widmen

Stuttgart, 13 giugno ....

Spett.le
VINCI & KRAMER
Cantine Liquori e Marsala
I-91100 TRAPANI / TP

Egregi Signori,

Facendo seguito al campionario dei prodotti che il Vs. agente commerciale gentilmente ci ha fatto recapitare alcuni mesi fa, non potevamo immaginare che avremmo avuto una tale richiesta da parte dei ns. clienti.

La ns. prima ordinazione, come sicuramente ricorderete, era piuttosto a titolo di prova, in quanto si trattava di quantitativi minimi di marsala.

Tali prodotti però sono stati particolarmente graditi dai ns. clienti e quindi vorremmo ora allacciare con Voi dei rapporti commerciali continuativi.

Vi preghiamo, pertanto, di voler dare le necessarie disposizioni, affinché il seguente ordine sia evaso:

– N° 80 casse (15 bottiglie da 1 litro a cassa) di vino bianco moscato
– N° 95 casse (10 bottiglie da 1 litro a cassa) dell'assortimento di liquori diversi
– N° 120 barilotti da 10 litri di marsala
– N° 450 bottiglie di marsala da 1 litro.

Il tutto alle seguenti condizioni:

– spedizione CIF Brema via mare, entro 1 mese dalla data della presente ordinazione,
– l'importo d.f. è di euro..., pagamento metà D/P, metà a mezzo assegno bancario, a 3 mesi, emesso dalla Commerzbank di Bremerhaven;

campionario *m*
Musterkollektion
agente commerciale
Handelsvertreter
recapitare
zukommen lassen
richiesta Nachfrage
prima ordinazione
Erstbestellung
a titolo di prova
probehalber
quantitativo *m* **minimo**
Mindestmenge
gradire schätzen
allacciare anknüpfen
rapporto *m* **commerciale**
Handelsbeziehung
continuativo
dauerhaft
evadere
ausführen, tätigen
a cassa pro Kiste
assortimento *m*
Sortiment
barilotto *m* Fässchen
condizione
Bedingung
emettere ausstellen

..../2

– documenti da produrre: serie completa di polizze di carico, certificato di assicurazione a copertura di tutti i rischi, compresa l'avaria generale, fattura commerciale in triplice copia.

Vogliate disporre l'immediata esecuzione dell'ordine al ricevimento della presente, avendo cura di verficare attentamente l'imballo dei vari articoli.

Ci auguriamo di leggerVi a stretto giro di posta e cordialmente Vi salutiamo.

> Heinrichs & Mattenklod
> Weinhandlung

serie *f* Satz
polizza *f* **di carico**
  Konnossement
tutti i rischi
  Vollkasko
avaria *f* **generale**
  allgem. Havarie
fattura *f* **commerciale**
  Handelsrechnung
triplice copia
  dreifache Ausfertigung
esecuzione *f*
  Ausführung
al ricevimento
  bei Erhalt
avere cura di
  sich kümmern um
imballo *m*
  Verpackung
a stretto giro di posta
  postwendend

Bericht eines Handelsagenten
Rapporto di un agente commerciale

➡ Brief 69

Würzburg, 12 aprile ....

Spett. Direzione
Maglifici Riuniti M.I.V.
Zona Industriale
I-41012 CARPI / MO

oggetto: analisi mercato

Egregi Signori,

Mi riferisco alla Vs. richiesta del 4 corr. di informazioni riguardo alla situazione del mercato tedesco nel settore tessile e manifatturiero.

Dopo accurate indagini, avendo interpellato numerose realtà commerciali, sono ora in grado di fornirVi delle informazioni precise, purtroppo però non molto positive.

Il mercato si trova in una fase di ristagno, dovuto alla fase di recessione economica di molti paesi europei, ed alla conseguente concorrenza spietata.

E' inoltre avvertita una certa diffidenza nei confronti del prodotto straniero che, probabilmente, non sempre tiene nella giusta considerazione i requisiti qualitativi e di stretta interrelazione fra qualità e prezzo che i consumatori tedeschi cercano in ogni prodotto.

Trattandosi di un settore soggetto a mode ed innovazioni tecnologiche, bisogna tenere presente che oltre al prezzo, un ruolo fondamentale lo svolgono sia i tessuti che i colori che dovranno essere rispettivamente composti da filati pregiati e le composizioni cromatiche le più vivaci possibili.

.../2

maglificio _m_
Strickwarenfabrik
analisi _f_ **mercato**
Marktanalyse
manifatturiero
Verarbeitungs...
indagine _f_
Nachforschung
interpellare
befragen
realtà _f_ **commerciale**
Unternehmen
fase _f_ Phase
ristagno _m_
Flaute, Stagnation
spietato
erbarmungslos
diffidenza Misstrauen
requisito _m_
Erfordernis
interrelazione _f_
Wechselbeziehung
soggetto
unterworfen
innovazione _f_
Neuerung
tenere presente
vergegenwärtigen
svolgere un ruolo
eine Rolle spielen
filato _m_ Garn
pregiato wertvoll
composizione cromatica Farbzusammenstellung

Vogliate cortesemente prendere nota che l'invio del campionario in tempi reali costituisce un altro fattore da non sottovalutare; infatti quello della collezione primavera–estate dovrà essere inviato non più tardi della primavera precedente, mentre, quello invernale dovrà essere spedito almeno con un anno di anticipo.

Colgo l'occasione per ringraziarVi della fiducia manifestatami, sperando di esserVi stato utile. Naturalmente rimango a Vs. completa disposizione per ogni ulteriore chiarimento.

Distinti saluti.

Hans Fischer
Handelsagent

campionario
Musterkollektion
in tempi reali
in absehbarer Zeit
sottovalutare
unterschätzen
collezione
Kollektion
non più tardi di
spätestens bis
fiducia Vertrauen
manifestare
zeigen, erweisen

Düsseldorf, 15 febbraio ....

Spett.le Direzione
Credito Commerciale Italiano
Viale Italia, 100
I-20100 MILANO / MI

La ns. società si occupa dell'importazione e diffusione di piccoli elettrodomestici. E' ns. intenzione espandere la gamma dei prodotti da noi offerta e, pertanto, vorremmo includere, tra gli articoli venduti nella ns. catena di negozi, anche elettrodomestici fabbricati in Italia.

In seguito ad accurate analisi ed indagini sui prodotti italiani, li riteniamo di buone garanzie di qualità e competitività in un mercato altamente concorrenziale come il nostro.

Per il finanziamento di tale impresa ci rivolgiamo nuovamente a Voi per un immediato bisogno di credito di €.... presso il Vs. Istituto, estinguibile in 6 mesi, a partire dal giorno 1 del prossimo mese di marzo. A Vs. garanzia Vi rammentiamo che disponiamo di un capitale circolante apprezzabile.

Per informazioni sul ns. conto potrete rivolgerVi comunque sempre alla «Rheinische Commerzbank», oppure alla Camera di Commercio di Düsseldorf.

Vi invitiamo pertanto a volerci comunicare con cortese urgenza se possiamo contare nuovamente sulla Vs. collaborazione indicandoci le Vs. condizioni.

Gradite frattanto i nostri migliori saluti.

WARENHAUS HAGEMANN
www.hagemann.de

diffusione *f* Vertrieb
elettrodomestici *m/pl*
Elektrohaushalts-
geräte
espandere
ausdehnen
gamma dei prodotti
Warenpalette
catena di negozi
Ladenkette
indagine *f*
Untersuchung
ritenere halten für,
betrachten
competitività *f*
Wettbewerbsfähigkeit
impresa *f* Betrieb,
Unternehmen
rivolgersi a
sich wenden an
estinguibile tilgbar
a Vs. garanzia
zu Ihrer Sicherheit
rammentare in
Erinnerung bringen
capitale circolante
Umlaufvermögen
apprezzabile
beträchtlich
contare su
zählen auf
collaborazione
Zusammenarbeit

Milano, 25.02. ..

Firma HAGEMANN
Kaiserallee 10 – 14
D-40479 DÜSSELDORF

Facendo seguito alla Vostra lettera del 15 u.s., abbiamo il piacere di informarVi che è stata accolta la Vs. richiesta per la cifra e le condizioni da Voi desiderate.

Abbiamo quindi proceduto all'apertura di un credito allo scoperto a partire dal 1° marzo fino alla fine di agosto c.a. presso il ns. Istituto, e pertanto Vi autorizziamo a disporre di questo credito fino all'importo di .... euro.

Potrete far pervenire al ns.. Istituto tutte le tratte, fatture ecc. che Vi saranno indirizzate in Italia. Il giorno della scadenza saranno da noi onorate ed addebitate in conto e, di seguito, conformemente ai ns. accordi, Vi faremo pervenire una tratta di pari importo con scadenza a sei mesi.

Vi confermiamo inoltre le ns. condizioni:

– tasso di interesse passivo 15 % con estratto conto mensile
– ns. commissione del 2,5 %
– rimborso spese, bolli ecc.

In attesa di Vs. risposta e sicuri di averVi favorito nel migliore dei modi, distintamente Vi salutiamo.

CREDITO ITALIANO
p. l. Palma

accogliere
bewilligen, aufnehmen
richiesta
Anfrage, Antrag
cifra Summe, Zahl
procedere verfahren
apertura di credito
Krediteröffnung, Akkreditiv
credito allo scoperto
Blankokredit
disporre verfügen
tratta Wechsel
scadenza Fälligkeit
onorare einlösen
addebitare
abbuchen
conformemente
gemäß
accordo
Vereinbarung
pari importo *m*
gleicher Betrag
tasso *m* **di interesse**
Zinssatz
commissione
Provision
rimborso Erstattung
bollo *m*
Stempelmarke
favorire
helfen, behilflich sein

Verkaufsbestätigung von Konsignationsware
Conferma di vendita in conto deposito

Wien, 10 maggio ....

Spett.
AGRUFRUIT S.p.A.
I-87100 COSENZA / CS

Facendo seguito al Vs. fax con il quale ci avevate autorizzato alla riduzione del 2 % dei prezzi precedentemente stabiliti, siamo lieti di poterVi comunicare che siamo stati in grado di collocare l'intera merce sul mercato.

Tuttavia, nonostante il ribasso del prezzo e l'ottima qualità, non è stato facile sistemare gli agrumi sul mercato austriaco, invaso ormai da prodotti più concorrenziali provenienti dalla Spagna, Turchia ed Israele.

L'imballaggio e le condizioni generali in cui ci è pervenuto il carico sono stati soddisfacenti. La merce è stata pagata come di consueto, alle seguenti condizioni:

– metà alla consegna della stessa tramite pronti contanti
– metà a 60 gg. dal ricevimento della stessa.

Inoltre accludiamo un breve rendiconto della merce giunta presso i ns. magazzini:

– 250 casse arance (kg 25 cadauna)   €.../cassa
– 250 casse limoni (kg 20 cadauna)   €.../cassa
– 150 casse mandarini (kg 25 cad.)   €.../cassa.

Vi ringraziamo per la cortese collaborazione e la fiducia accordataci e cordialmente Vi salutiamo.

KLAMETH & Sohn

riduzione Senkung, Reduzierung
stabilire festlegen
collocare unterbringen, absetzen
ribasso Senkung
sistemare unterbringen
agrumi *m/pl* Zitrusfrüchte
invadere überschwemmen
concorrenziale wettbewerbsfähig
carico Ladung
come di consueto wie gewöhnlich
alla consegna bei Lieferung
pronti contanti sofortige Barzahlung
ricevimento *m* Erhalt
rendiconto Abrechnung, Bericht
cadauno je, pro
fiducia Vertrauen

➡ Brief 19

Chemnitz, 20 giugno ....

Spett.le
CONTI & C.
«Alta Meccanica»
I-21100 VARESE / VA

oggetto: invio fattura n° 36/69

Egregi Signori,

Allegata alla presente ci permettiamo di inviarVi la fattura N° 36/69 del 10/6 relativa alle macchine da cucire secondo il Vs. ordine N° 112 del 25/5.

Abbiamo consegnato alla ns. banca, la Stadtsparkasse di Chemnitz, tutti i documenti occorrenti (fattura, polizza di carico e polizza di assicurazione) per il pagamento della tratta; detto istituto a sua volta provvederà all'incasso presso la Vs. agenzia della Banca Commerciale Italiana.

Siamo certi che le macchine commissionate risulteranno idonee a soddisfarVi, e con la fiducia di ricevere ulteriori ordini ai quali dedicheremo sempre la ns. immediata attenzione, Vi preghiamo di gradire i nostri migliori saluti.

Lutz Hermann
Maschinenfabrik AG

all.: fattura,
polizza carico,
polizza assicurazione

LH/bg

allegato anliegend
fattura Rechnung
macchina da cucire
  Nähmaschine
ordine
  Bestellung, Auftrag
consegnare
  einreichen, übergeben
occorrente
  notwendig
polizza *f* **di carico**
  Konnossement
polizza *f* **di assicurazione**
  Versicherungspolice
tratta Wechsel
provvedere
  übernehmen,
  erledigen
commissionare
  bestellen
idoneo geeignet
soddisfare
  zufrieden stellen
ulteriore weitere(r)
dedicare widmen
immediato sofortig

Regensburg, 24 novembre ....

Spett.
Consorzio Provinciale
Piazza Municipio
I-90100 PALERMO / PA

Facendo seguito alla nostra spedizione odierna via ferroviaria di 450 quintali di patate da seme, Vi inviamo, qui accluse, copia della fattura e bolletta di misurazione del peso dichiarato e riconosciuto dalla stazione ferroviaria di partenza.

Secondo le assicurazioni forniteci, riteniamo che la merce dovrà pervenirVi entro e non oltre la fine del corrente mese e perciò siamo certi che non dobbiate avere alcuna preoccupazione circa lo stato di conservazione della stessa.

Per le modalità di pagamento riassumiamo brevemente le condizioni precedentemente stabilite:

– accettazione della ns. tratta per l'importo totale della fattura;
oppure: apertura di credito con pagamento del 80 % d.f., l'importo residuo a 30 gg.;
oppure: tramite clearing dell'intero controvalore fatturato;
– Banca di appoggio: Banca Commerciale Italiana, agenzia di Palermo.

Ci auguriamo di ricevere Vostri ulteriori ordini e distintamente Vi salutiamo.

Richard Fertau, Saatguthandel

All.: n° 2

spedizione Sendung
odierno heutig
via ferroviaria
  per Bahn
patate *f/pl* **da seme**
  Saatkartoffeln
bolletta *f* Schein
misurazione *f*
  Messung
pervenire
  ankommen
entro e non oltre
  bis spätestens
stato di conserva-
zione
  Erhaltungszustand
modalità di paga-
mento
  Zahlungsmodus
riassumere
  zusammenfassen
tratta Wechsel
apertura di credito
  Akkreditiv, Kredit-
  eröffnung
importo *m* **residuo**
  Restbetrag
clearing *siehe S. 40*
controvalore *m*
  Gegenwert
banca di appoggio
  Partnerbank

Bremen, 7 luglio ....

Spett.
Cooperativa Olearia
Via Virgilio, 5
I-74100 TARANTO / TA

Riscontriamo la pregiata Vostra del 31 u.s., con la quale ci date avviso della spedizione di 100 casse di olio d'oliva extra vergine di 1ª e 2ª qualità, contenenti ciascuna 30 fusti di latta da 5 litri, a mezzo della motonave «Stromboli».

Vi ringraziamo per aver scelto quale luogo di destinazione il porto di Brema e, per il diritto di opzione, quello di Amsterdam, come da noi richiesto.

Ci auguriamo che la polizza di carico che potrà essere nominativa, così come gli altri documenti, sia stilata alla perfezione e che riceviamo le relative copie al più presto tramite il Vs. rappresentante di Amburgo.

Per quanto riguarda il prezzo da Voi richiesto per il prossimo carico, siamo certi che troveremo un accordo soddisfacente per entrambe le parti. Apprezziamo la Vs. iniziativa di pagamento del nolo alla Società di trasporto e Vi saremmo grati se vorreste continuare a trattare per conto nostro i futuri carichi.

Ci auguriamo che la merce arrivi al più presto.

Gradite, frattanto, i nostri migliori saluti.

G. Müller & L. Friederichs

riscontrare
  bestätigen
avviso *m* **di spedizione**
  Versandanzeige
contenere enthalten
fusto *m* **di latta**
  Blechkanister
ciascuno, -a jede(r)
scegliere wählen
diritto di opzione
  Optionsrecht
polizza di carico
  Konnossement
nominativo
  auf den Namen
  lautend
stilare aufsetzen
relativo
  entsprechend
tramite durch
carico Ladung
entrambe beide
nolo Fracht

Dresden, 14 luglio ....

Spett.le Ditta
R. Ambrosi & Figli
Via Mocenigo, 30
I-41100 MODENA / MO

oggetto: ordine N° 123 / AB del 04.07. ..

Egregi Signori,

Ci è pervenuto il Vs. ordine del 4 c.m. e Vi ringraziamo.

E' stato debitamente registrato e, come Vi abbiamo anticipato telefonicamente, ci auguriamo di poterlo evadere completamente entro il 31 del mese prossimo.

Per il momento, infatti, siamo in grado di fornirVi soltanto la metà delle lastre di vetro infrangibile, poiché la ditta produttrice ci ha comunicato che non può assolutamente soddisfare le numerose richieste in così breve termine.

Per quanto concerne il pagamento, siamo riusciti ad ottenere che sia effettuato a 60 gg. d. f.

Vi inoltreremo conferma della spedizione avvenuta.

Ci auguriamo di ricevere cenno di riscontro e cordialmente Vi salutiamo.

W. Schmidt & H. Horst

pervenire erhalten
debitamente
  ordnungsgemäß
anticipare
  vorwegnehmen
evadere ausführen
lastra f (Fenster-)
  Scheibe
infrangibile
  unzerbrechlich
ditta produttrice
  Herstellerfirma
richiesta
  Anfrage, Nachfrage
a 60 gg.
  nach 60 Tagen
inoltrare
  weiterleiten
avvenuto erfolgt
cenno m Zeichen
riscontro m Antwort,
  Rückäußerung

➡ Brief 32

Oldenburg, 19 settembre ....

Spett.
E. FLORIO & C.
Via C. Colombo, 16
I-28100 NOVARA / NO

Egregi Signori,

Siamo lieti di poterVi comunicare che Vi è stato spedita da Amburgo, all'indirizzo del Vs. agente, la seguente merce:

– 400 sacchi di avena di 1ª scelta, in sacchi da 50 kg cadauno
– 150 sacchi di orzo perlato, in sacchi da 50 kg cadauno
– 100 sacchi di segale, in sacchi da 25 kg/cad.

Detta merce è stata imbarcata in data odierna sulla nave «Marconi II» diretta a Genova.

La nave prima di procedere per Genova farà scalo a Marsiglia ma, trattandosi di uno scalo di brevissima durata, riteniamo che non dobbiate avere alcuna preoccupazione circa lo stato di conservazione della merce.

Secondo le informazioni forniteci, la nave arriverà al più tardi entro la fine della prossima settimana. Vogliate pertanto avvertire il Vs. agente per lo sdoganamento della merce.

Alleghiamo alla presente la relativa fattura di €... che reca il N° 4444. Detto importo, conformemente ai ns. accordi telefonici, include anche le spese di assicurazione.

Per quanto concerne il pagamento della stessa, confermiamo quanto stabilito:

avena *f* Hafer
orzo *m* Gerste
segale *f* Roggen
imbarcare
  verschiffen
procedere
  weiterfahren
scalo Zwischenstopp
Marsiglia Marseille
ritenere
  meinen, glauben
stato di conservazione
  Erhaltungszustand
al più tardi
  spätestens
sdoganamento
  Zollabfertigung
recare führen, tragen
relativo
  entsprechend
importo *m* Betrag
spese di assicurazione
  Versicherungskosten
stabilire festlegen

.../2

– tramite clearing, evitando così movimento di denaro contante,
– oppure pagamento a mezzo di apertura di credito presso una banca di Vostra scelta.

Invieremo con posta separata tutti gli altri documenti.

Restiamo in attesa del Vs. avviso di ricevimento della merce e intanto porgiamo i nostri migliori saluti.

C.Schwarz & F. Möhnge
Getreidehandel

All.: fattura n° 4444

clearing *siehe S. 40*
denaro *m* **contante**
  Bargeld
apertura di credito
  Krediteröffnung,
  Akkreditiv
avviso *m* **di ricevimento**
  Empfangsanzeige

32 Übersendung eines Schecks
Invio di un assegno

→ Brief 31

Minden, 6 ottobre ....

Spett.le
Ditta G. Rossi
Viale Comenda, 123
I-70100 Bari / BA

oggetto: invio assegno a conguaglio fattura

Egregi Signori,

Abbiamo il piacere di inviarVi, allegato alla presente, l'assegno n° .... a Voi intestato della Dresdner Bank, dell'importo di € .... a conguaglio della Vs. fattura N° ... del 10/9 c.a.

Detta fattura era stata da noi saldata in data 15/9 ma era stato riscontrato un errore nell'applicazione del cambio.

Nel ringraziarVi per la Vs. pazienza e scusandoci nuovamente per l'inconveniente, restiamo a Vs. intera disposizione.

Vi saremo grati di ricevere conferma dell'avvenuto pagamento.

Con i migliori saluti.

C. Schwarz & F. Möhnge

all.: ass. n° .... di € ....

assegno m Scheck
conguaglio m **fattura**
   Rechnungsausgleich
allegato beigefügt
intestato a Voi
   auf Sie ausgestellt
saldare begleichen
riscontrare
   bemerken, feststellen
applicazione f
   Anwendung
cambio Wechselkurs
inconveniente m
   Unannehmlichkeit
restare a disposizione
   zur Verfügung stehen
conferma f
   Bestätigung
avvenuto erfolgt

AGROSUD s.r.l.   AGROSUD s.r.l.
IMPORT – EXPORT
Frutta secca ed Esotica
Via Bari, 32   Tel. 091789345 Fax 0917789355
90142 Palermo   Part. IVA 123456789012

Palermo, 4 dicembre ....

Spett.le
E. Frigo & Conti GmbH
Export – Import
Langer Weg 100
D-81675 MONACO

oggetto: autorizzazione tratta

Ci è pervenuta la Vostra del 25 u.s. con la quale ci chiedete autorizzazione di spiccare tratta su di noi per l'importo di cui Vi siamo debitori.

Vi ritorniamo la stessa tratta, emessa su di noi al Vostro ordine per la somma di €..., debitamente firmata ed accettata, assicurandoVi che, come convenuto, provvederemo al pagamento il 4 gennaio del prossimo anno.

Vi saremmo grati di sottoporre alla Vs. cortese attenzione l'esecuzione immediata del nostro ordine e distintamente Vi salutiamo.

p. AGROSUD srl
A. Rossi

all.: 1 tratta

autorizzazione *f*
Autorisierung,
Genehmigung
spiccare tratta
e. Wechsel ziehen
debitore *m*
Schuldner
emettere al Vs. ordine
auf Sie ausstellen
debitamente
ordnungsgemäß
accettare annehmen,
Akzept geben
convenire
übereinkommen
sottoporre unterziehen, unterstellen
esecuzione *f*
Ausführung

Jena, 5 luglio ....

Spett.le
Gionata Cimbro srl
Via Palio, 44
I-53100 SIENA / SI

Ci è pervenuta la pregiata Vostra del 1° corr. alla quale abbiamo dedicato la ns. immediata attenzione e siamo spiacenti di non poterVi accontentare del tutto.

La fornitura delle macchine fotografiche da Voi richiesta non è conforme alla nostra precedente offerta, a causa dell'aumento delle imposte sui beni di lusso e di un ulteriore aumento dei prezzi di listino, dovuto al rincaro della manodopera; inoltre, nel prossimo futuro, ne seguirà probabilmente un altro del 6 %.

Tuttavia, siamo in grado di fornirVi dei modelli di più larga diffusione e di conseguenza, con prezzi di produzione più accessibili, praticandoVi uno sconto del 12 % sui prezzi odierni e fissando i termini di consegna entro 15 – 20 giorni dal ricevimento dell'ordine.

La spedizione della merce avverrà tramite il ns. corriere franco di ogni spesa.

Alleghiamo i ns. nuovi listini insieme ad una documentazione fotografica.

Ci auguriamo che vorrete favorirci con i Vs. graditi ordini ed in tale attesa, cordialmente Vi salutiamo.

OPTA – Optische Geräte

allegati

dedicare widmen
fornitura Lieferung
non è conforme
  entspricht nicht
aumento *m*
  Erhöhung
imposta sui beni di lusso
  Luxussteuer
rincaro *m* Teuerung
manodopera *f*
  Arbeitskräfte
diffusione
  Verbreitung
prezzo di produzione
  Herstellungspreis
accessibile
  erschwinglich
praticare uno sconto
  e. Rabatt gewähren
odierno heutig
termine *m* **di consegna** Lieferfrist
avvenire erfolgen
franco ogni spesa
  ohne Nebenkosten
documentazione fotografica Prospekt

Lübeck, 15 ottobre ....

Spett.
Cooperativa «La Provvida»
Via dei Mercati, 3
I-18100 IMPERIA / IM

oggetto: offerta di uno stock di prodotti ittici

Egregi Signori,

Siamo lieti di informarVi che siamo stati ancora una volta in grado di acquistare una grossa quantità di pesce fresco, che abbiamo inscatolato ed immagazzinato trasformandolo in ottimi prodotti ittici, ora pronti per l'esportazione.

SapendoVi sempre interessati come nostri più affezionati clienti, a tali prodotti, ci permettiamo di sottoporVi la seguente offerta con i relativi prezzi:

quantità	oggetto	prezzo in €/pezzo
4.000	scatole di scombri	€.....
6.000	scatole di filetti di rombo	€.....
3.000	barili di aringhe affumicate	€.....

Come avete già avuto modo di verificare, la qualità del ns. prodotto non teme la concorrenza del mercato e i prezzi sono altamente competitivi.

Inoltre, come sempre, siamo in grado di fornire i nostri prodotti entro 10 gg. dal ricevimento dell'ordine praticando uno sconto del 7 % sui prezzi di listino fino all'ammontare di €...; oltre a tale importo siamo in grado di concedere lo sconto del 9 %.

.../2

sollecitare anfordern
stock Vorrat
ittico Fisch-...
inscatolare
  in Dosen abfüllen
immagazzinare
  einlagern
affezionato treu
sottoporre
  unterbreiten
relativo
  entsprechend
scombro *m* Makrele
rombo *m* Steinbutt
barile *m* Fass
aringa *f* Hering
affumicato
  geräuchert
temere fürchten
concorrenza
  Konkurrenz
competitivo
  wettbewerbsfähig
entro 10 gg.
  innerhalb von
  10 Tagen
dal ricevimento
  ab Erhalt
sconto Nachlass
listino Preisliste
ammontare *m* Betrag

Tuttavia, in considerazione delle nostre lunghe e buone relazioni, siamo disposti a concederVi il pagamento totale a mezzo tratta a 60 gg. vista, tassa da bollo e marche da bollo come sempre a carico Vostro.

Ci auguriamo che la nostra proposta riscontri nuovamente il Vs. interesse e, con la speranza di leggerVi a stretto giro di posta o tramite e-mail, rimaniamo a Vostra completa disposizione per ogni ulteriore chiarimento.

Con i nostri migliori saluti.

tuttavia jedoch
a mezzo tratta
durch Wechsel
a 60 gg. vista
nach 60 Tagen Sicht
tassa f **da bollo**
Stempelsteuer
a stretto giro di posta
postwendend

Meyer und Werther GmbH
Fischereiprodukte

Dachau, 17 giugno ....

Alla
Industria Aeronautica
I-09100 CAGLIARI / CA

Alla cortese attenzione del Direttore

Egregio Direttore,

Vi saremmo grati se vorreste gentilmente fornirci delle notizie sul nominativo indicato nel foglio accluso. Questo ha presentato domanda per essere assunto nella ns. azienda in qualità di ingegnere, indicando il Vostro nome come ulteriore referenza.

Poiché l'impegno che eventualmente assumerà presso di noi implica il possesso di doti quali capacità, diligenza e riservatezza, gradiremmo avere delle notizie in merito, corredate inoltre da riservata informativa sulle motivazioni della rinuncia alle mansioni da Voi affidategli.

Infine vorremmo sapere se lo ritenete capace di assumersi la direzione dell'ufficio progettazione o se sarebbe più opportuno di affidargli la responsabilità di un singolo progetto.

RingraziandoVi in anticipo delle informazioni che vorrete fornirci e, in attesa delle Vostre comunicazioni, cogliamo l'occasione per porgerVi i nostri migliori saluti.

H. Schmidt GmbH

fornire   liefern
nominativo
   Name, Person
presentare domanda
   sich bewerben
assumere
   annehmen, einstellen
in qualità di   als
dote *f*
   Gabe, Eigenschaft
impegno *m*
   Anstellung, Verpflichtung
capacità *f* Fähigkeit
diligenza *f* Fleiß
riservatezza *f*
   Zurückhaltung
in merito
   diesbezüglich
corredare
   begleiten, ausstatten
informativa *f*
   Information
motivazione *f* Grund
rinuncia   Verzicht
mansione *f*
   Aufgabenbereich
ufficio progettazione
   Planungsbüro
affidare   anvertrauen
in anticipo
   im Voraus

37 Bitte um Vermittlung eines Vertreters
Richiesta di un rappresentante

Dessau, 5 febbraio ....

Al Direttore della
BANCA DEL LAVORO
Succ. di Verona
Via Mazzini, 20
I-37100 VERONA / VE

Egregio Direttore,

Ci permettiamo di rivolgerci a Lei per una cortesia particolare e Le saremmo grati se ci potesse aiutare.

Siamo produttori di motori e di mezzi meccanici sin dalla fine del secolo scorso e desidereremmo estendere i ns. giri d'affari commerciali anche al mercato italiano.

A tal fine abbiamo bisogno di una persona di ns. fiducia, competente, onesta e dinamica, che possa rappresentarci nel Veneto e che sappia estendere successivamente la sua attività anche alla Lombardia ed al Piemonte.

La pregheremmo, pertanto, di aiutarci comunicandoci il nominativo di una persona di Sua fiducia.

Le nostre macchine ed i ns. prezzi sono quanto mai competitivi su tutti i mercati e concediamo anche diverse facilitazioni di pagamento a tutti i ns. clienti.

Ci affidiamo a Lei nella fiducia di ricèvere al più presto il nominativo richiestoLe.

La ringraziamo anticipatamente per quanto vorrà comunicarci e, augurandoci di poter ricambiare la cortesia, cogliamo l'occasione per salutarLa distintamente.

N. Krüger
Motoren und Technik KG

rivolgersi a
sich wenden an
cortesia particolare
besonderer Gefallen
produttore *m*
Hersteller
mezzi *m/pl* **meccanici**
technische Geräte
sin da seit
estendere ausdehnen
giro *m* **d'affari**
Geschäftsumsatz
a tal fine deshalb,
zu diesem Zweck
fiducia *f* Vertrauen
onesto ehrlich,
zuverlässig
attività *f* Tätigkeit,
Wirkungskreis
nominativo *m* Name
quanto mai äußerst
concedere
einräumen
facilitazione *f* **di pagamento**
Zahlungserleichterung
ricambiare erwidern

FRATELLI CORBETTI srl   IMPORT – EXPORT
Ingrosso: prodotti enologici
Via della Casa, 5   Tel. 0401234567
I-34100 TRIESTE / TS   Fax 0401234566
Partita IVA 00334455666
Cod. Fiscale COR FPP 50D 10G 308L

Trieste, 10 dicembre ....

Spett.le
I. KUHN & HUBER
Export – Import
Hafenstraße 111
D-21079 AMBURGO

oggetto: Ns. ordine n. AC/4567

Egregi Signori,

In data 8 corr. abbiamo ricevuto Vs. lettera del
4 s.m. con la quale ci trasmettevate fattura, polizza
di carico e relativa assicurazione, riferite ai 15 barili
di brandy ordinati.

Purtroppo dobbiamo constatare che la polizza di
carico è stata stipulata in modo incompleto, man-
cando di importanti dettagli come il porto di carico,
il tipo di imballaggio, le dimensioni e soprattutto la
quantità delle copie emesse.

Come ben sapete, la polizza di carico è pratica-
mente la prova del diritto di possesso, e la consegna della merce avviene contro consegna della
polizza stessa.

Inoltre, abbiamo ricevuto in data di ieri l'avviso per
il ritiro della suddetta merce, e nell'effettuare tale

ingrosso *m*
  hier: Großhandel
enologico
  Weinbau-...
polizza *f* **di carico**
  Konnossement
riferire a
  beziehen auf
barile *m* Fass
stipulare vereinbaren,
  abschließen
dettaglio *m* Detail
porto di carico
  Ladehafen
imballaggio *m*
  Verpackung
dimensione *f*
  Abmessung
emettere ausstellen
diritto *m* **di possesso**
  Besitzrecht
consegna Lieferung
ritiro Abholung

.../2

operazione, abbiamo constatato che, benché si trattasse di una polizza di carico netta, 5 dei 15 barili sono stati danneggiati durante l'imbarco, così come risulta dal foglio di riparazione accluso.

Tali fatti ci inducono a credere che l'armatore Vi abbia fatto firmare una lettera di garanzia. Riteniamo queste operazioni poco opportune e pertanto Vi esprimiamo il nostro vivo disappunto.

Nella fiducia che vogliate risolvere tutto e augurandoci che simili inconvenienti che rischiano di danneggiare i nostri buoni rapporti, non abbiano più a ripetersi, rimaniamo a Vostra disposizione.

Distinti saluti.

CORBETTI SRL

(F. Corbetti)

polizza di carico
netta
reines Konnossement
danneggiare
beschädigen
imbarco *m*
Verschiffung
risultare da
hervorgehen aus
foglio di riparazione
Reparaturschein
armatore *m* Reeder
lettera di garanzia
Gewährleistungs-
brief, Garantieschein
operazione *f*
Handlungsweise
esprimere
ausdrücken
risolvere
lösen, bereinigen
inconveniente *m*
Unannehmlichkeit

Krefeld, 15 ottobre ....

Spett. Lanificio
E. Ciulli e F. s.r.l.
Via Sesto Fiorentino, 22
I-50047 PRATO / FI

oggetto: offerta speciale di tessuti inglesi

Egregi Signori,

Ci permettiamo di rivolgerci a Voi con un'offerta particolarmente vantaggiosa che vogliamo proporre ai nostri più stimati clienti.

Poiché abbiamo avuto l'occasione di acquistare direttamente dall'Inghilterra una notevole partita di stoffe di altissima qualità, ci siamo affrettati a farVi recapitare subito – con posta separata – alcuni campioni della stessa.

Come potrete constatare, dalla qualità dei filati e dei loro colori, si tratta di prodotti di primissima scelta che non temono quindi alcuna concorrenza.

Riportiamo qui di seguito le ns. condizioni che, come potrete osservare, Vi sono particolarmente favorevoli, lasciandoVi l'opportunità di ottenere un notevole margine di guadagno:

a) per pagamento al momento dell'ordinazione – la spedizione avviene entro una settimana – possiamo concedere uno sconto del 10 %
b) per pagamento contro documenti applichiamo lo sconto del 6 %
c) per pagamento a 30 gg. d.f. pratichiamo uno sconto del 4 %.

.../2

vantaggioso
  vorteilhaft, günstig
proporre
  vorschlagen, unterbreiten
stimato geschätzt
acquistare kaufen
notevole beachtlich, bemerkenswert
partita *f* Posten
affrettarsi
  sich beeilen
recapitare zustellen
con posta separata
  mit getrennter Post
filato *m* Garn
primissima scelta
  allererste Qualität
concorrenza *f*
  Konkurrenz
riportare aufführen
margine di guadagno
  Gewinnspanne
al momento dell'ordinazione
  bei Bestellung
spedizione Versand
pagamento contro documenti
  Kasse gegen Dokumente
applicare anwenden
praticare uno sconto
  e. Nachlass gewähren, Skonto einräumen

Tutti i prezzi riportati sul listino prezzi accluso sono comunque soggetti ad uno sconto del 7,5%.

L'imballaggio, come di consueto, sarà gratuito; mentre se avrete delle necessità che esulano dalle normali operazioni, Vi saranno fatturate a prezzo di costo del relativo impegno richiesto.

Fiduciosi che troverete soddisfacente la ns. offerta ed in attesa della Vs. ordinazione, gradite i nostri migliori saluti.

Dr. Franz Keller
Textilkaufmann

allegati

listino prezzi
Preisliste
essere soggetto
unterliegen
come di consueto
wie üblich
esulare da
hinausgehen über
prezzo di costo
Selbstkostenpreis
impegno *m* Leistung
fiducioso
zuversichtlich
ordinazione
Bestellung

Berlin, 13 aprile ....

Spett.
Cassa di Risparmio
Ufficio Estero
I-36100 VICENZA / VI

e p.c.

MONGELLI & FORTI
Calzaturificio
Via Forti, 10
I-36100 VICENZA / VI

Gentili Signori,

Ci rivolgiamo ancora una volta a Voi, con preghiera di voler procedere ad un pagamento per conto nostro.

In riferimento al ns. ordine N° .... del .... (di cui alleghiamo copia), con beneficiario la ditta a cui la presente è inviata per conoscenza (Calzaturificio Mongelli & Forti di Vicenza), Vi preghiamo di voler estinguere il debito di € .... con la suddetta Ditta.

Le condizioni di pagamento stabilite sono le seguenti:

– metà della somma dovuta d.f.
– la restante metà a mezzo tratta a 30 giorni vista.

Detta tratta è attualmente in possesso della Banca Mutua Popolare di Vicenza.

Vi chiediamo, quindi, di procedere, come di consueto, alle transazioni in base alle indicazioni fornite.

Ringraziando per la preziosa collaborazione, Vi salutiamo cordialmente.

E. KRELLMANN GmbH

all.: n° 1 copia di ordine

rivolgersi a
sich wenden an
procedere
vornehmen
in riferimento
unter Bezugnahme
calzaturificio
Schuhfabrik
beneficiario
Begünstigter,
Empfänger
estinguere
begleichen
stabilire   festlegen
condizione di pagamento
Zahlungsbedingung
restante   restlich
tratta *f* Wechsel
a 30 gg. vista
nach 30 Tagen Sicht
come di consueto
wie üblich

➡ Brief 8

Leverkusen, 7 giugno ....

Spett. Quotidiano
«LA REPUBBLICA»
Annunci economici
I-00100 ROMA / RM

oggetto: inserzione di un annuncio pubblicitario

Siamo interessati alla pubblicazione degli annunci pubblicitari qui acclusi, parte di una vasta campagna pubblicitaria per i ns. prodotti farmaceutici, da effettuare su tutto il Vs. territorio nazionale.

Poiché gradiremmo che questi annunci fossero pubblicati anche nei vari capoluoghi di regione, per mezzo delle Vs. edizioni locali, Vi invitiamo a farci pervenire i prezzi relativi alle varie inserzioni.

L'annuncio dovrà essere pubblicato a partire da luglio c.a. per 6 mesi sulle varie edizioni nazionali e, per 3 mesi a partire da settembre c.a., sulle edizioni locali.

Lo spazio riservato all'inserzione dovrebbe alternarsi periodicamente tra un quarto dell'intera pagina (modulo cm 6x10.5) e la finestrella della prima pagina.

Per l'edizione locale gradiremmo le manchettes di prima pagina.

La stampa del disegno, che troverete allegato, dovrà essere curata nei minimi dettagli; pertanto, Vi saremmo grati se ci vorreste ritornare le bozze per prenderne visione.

...../2

---

inserzione *f* Inserat, Einschaltung
annuncio pubblicitario Werbeanzeige
accludere beifügen
parte *f* Teil
campagna pubblicitaria Werbekampagne
effettuare ausführen, durchführen
gradire schätzen, angenehm sein
capoluogo *m* Provinzhauptstadt
relativo entsprechend
edizione *f* Ausgabe
spazio *m* Raum
alternare abwechseln
finestrella Kurznachricht
manchette *f* Kopf
stampa Druck
disegno Zeichnung
curare sorgfältig ausführen
dettaglio *m* Detail
bozza *f* Entwurf, Skizze
prendere visione Einsicht nehmen, zur Ansicht

Vogliate inoltre comunicarci la quantità delle copie che saranno messe a ns. disposizione non appena avvenuta l'inserzione, ed il prezzo che sarete disposti a concederci per l'acquisto di ulteriori copie da destinare ai ns. clienti.

Vi ringraziamo per la cortese sollecitudine con la quale vorrete dare corso alla presente richiesta, e cogliamo l'occasione per porgerVi i nostri migliori saluti.

Herbert Bauer AG
H.Bauer@t-online.de

non appena sobald
avvenire erfolgen
ulteriore weitere
sollecitudine
  rasche Erledigung
dare corso
  nachkommen, Folge
  leisten

Vermittlung eines Exportgeschäfts
Mediazione per un affare di esportazione

Kassel, 20 maggio ....

Spett.le Ditta
Longo Cav. Enzo & C.
Lanificio
Via Porta Rossa, 5
I-50100 FIRENZE / FI

Egregio Cavaliere,

Facendo seguito al nostro incontro durante la Fiera Campionaria di Milano e alla Sua richiesta di informazioni su tessuti particolari, Le comunico di essere in possesso dei nominativi e degli indirizzi delle ditte che potrebbero venire in relazioni d'affari con Lei; in particolare la Camera di Commercio di Kassel mi ha consigliato di rivolgermi alla Ditta...., importatrice diretta di tessuti inglesi quali tweed, cool wool, ecc.

In considerazione dei ns. colloqui a Milano, mi sono permesso di passare il Suo nominativo alla suddetta Ditta, richiedendo un'ampia documentazione dei loro tessuti con i relativi listini prezzi e le loro condizioni generali di pagamento ecc.

Allego alla presente la loro gentile risposta e Le assicuro che in breve riceverà da parte loro tutto il materiale e tutte le informazioni desiderate.

Spero che la mia mediazione Le sarà utile e che l'operazione avrà esito positivo.

Con i migliori saluti.

Christian Grothe
Alleinvertreter

---

lanificio *m*
  Wollweberei
fiera campionaria
  Mustermesse
tessuto *m* Stoff
comunicare
  mitteilen
nominativo *m* Name
relazione *f* **d'affari**
  Geschäftsbeziehung
Camera di Commercio Handelskammer
rivolgersi a
  sich wenden an
importatrice *f*
  Importfirma
ampio
  groß, umfangreich
condizioni *f/pl* **di pagamento** Zahlungsbedingungen
allegare beifügen
mediazione
  Vermittlung
operazione *f*
  Unternehmung, Geschäft
esito *m*
  Ergebnis, Resultat

Mannheim, 25 maggio ....

Spett.le
MUSUMECI & MAURO
Via Maffei, 22
I-88074 CROTONE / CZ

Egregi Signori,

Il sig. Rossi, Direttore della Cassa di Risparmio di ...., mi ha fornito il Vs. indirizzo comunicandomi che siete intenzionati alla vendita dei Vs. prodotti nel sud-ovest della Germania.

Dispongo di esperienza ventennale nel settore e conosco dettagliatamente il mercato locale che sicuramente offre buone prospettive per i Vs. prodotti. I locali di cui dispongo permettono, inoltre, una ottima capacità di magazzinaggio.

Vi invito, pertanto, a farmi conoscere tutte le merci che trattate con i rispettivi prezzi e a comunicarmi le Vs. idee riguardanti condizioni di pagamento e provvigione, oppure di mandarmi una bozza di contratto.

Per quanto riguarda le mie referenze, potete accertarVi rivolgendoVi alla Ditta...., alla Banca .... e naturalmente al Sig. Rossi.

Se la mia proposta Vi dovesse interessare, Vi invito a metterVi in contatto con me. Il mio indirizzo di posta elettronica è il seguente:

H.Haller@aol.com

Con i migliori saluti.

Hermann Haller

---

cassa di risparmio
Sparkasse
fornire un indirizzo
e. Anschrift geben
essere intenzionato
beabsichtigen
ventennale
zwanzigjährig
dettagliatamente
im Detail
mercato locale
örtlicher Markt
prospettiva *f*
Perspektive
disporre verfügen
magazzinaggio
Einlagerung
rispettivo
entsprechend
condizione di pagamento
Zahlungsbedingung
provvigione
Provision
bozza di contratto
Vertragsentwurf
accertarsi
sich vergewissern
posta elettronica
E-Mail

44 Rabattforderung wegen falscher Warensendung
Richiesta di sconto per invio merce sbagliata

Wilhelmshaven, 19 marzo ....

Spett.le
PANZANI & AQUILA S.n.c.
Via XX Settembre, 10 – 13
I-95100 CATANIA / CA

oggetto: Ns. ordine n° 57/MS del 1° febbraio ..

Egregi Signori,

Accusiamo ricevuta della Vostra lettera del 2 corr. e siamo sorpresi di constatare l'avvenuto imbarco di 3 ettolitri di vino bianco da tavola e 1 ettolitro di Marsala imbottigliato in bottiglie da 1 litro, invece di 200 litri di Marsala di Vs. produzione, come da ns. ordine n. 57/MS, del quale alleghiamo copia.

Peraltro dobbiamo farVi notare che sono passate ormai alcune settimane dalla nostra ordinazione senza che la merce ci sia ancora pervenuta.

Inoltre, nella Vostra lettera fate riferimento alle difficoltà burocratiche incontrate per la licenza di esportazione.

Non riusciamo a comprendere queste difficoltà in quanto questo tipo di merce non richiede tale licenza.

Per quanto riguarda l'invio del vino, siamo spiacenti di non poter accettare una così consistente fornitura di merce indesiderata – almeno in questo momento – avendo ancora nei nostri magazzini delle buone scorte rimaste dall'ultima consegna.

avvenuto erfolgt
imbarco *m* Verschiffung
ettolitro *m* Hektoliter
imbottigliare abfüllen
peraltro außerdem
ormai schon jetzt
da seit
fare riferimento Bezug nehmen
licenza di esportazione Exportlizenz
in quanto weil, denn
per quanto riguarda was anbetrifft
consistente umfangreich
fornitura Lieferung
magazzino Lager
scorta *f* Vorrat
rimanere verbleiben
consegna Auslieferung

...../2

Saremmo disposti ad accettare il vino soltanto se vorreste accordarci uno sconto notevole, almeno del 15 %, in modo tale che potremmo smerciarlo subito con offerte speciali.

Per maggiori chiarimenti alleghiamo alla presente copia del ns. ordine.

Attendiamo le Vs. urgenti comunicazioni a tale proposito ed in attesa, Vi salutiamo distintamente.

Otto Beckmann & R. Brude

notevole
  ansehnlich
smerciare
  absetzen, umsetzen
offerta *f* **speciale**
  Sonderangebot
urgente
  umgehend, dringend
a tale proposito
  diesbezüglich, in diesem Zusammenhang

Ware entspricht nicht der Mustersendung
Reclamo per merce non conforme al campione

➡ Brief 54

Bayreuth, 22 aprile ....

Spett. SARCA
Calzaturificio
Via dell' Armomia, 66
I-37060 SONA / VR

oggetto: ordine n° 39 del 10/2/..

Confrontando le copie di commissione in ns. possesso e la merce consegnataci in esecuzione al ns. ordine n° 39, risulta che nessun articolo è conforme al campionario sottopostoci.

Non comprendiamo come abbiate potuto confondere gli articoli da noi scelti con quelli inviatici, che riteniamo di pessima qualità.

Considerato che fino ad oggi non avevamo mai avuto motivo di avanzare lamentele, vogliamo venirVi incontro e pertanto siamo disposti a trattenere questi articoli in conto commissione, nella eventualità che ci sia possibile collocarli sul mercato, praticando uno sconto che non dovrebbe essere inferiore al 40% sui prezzi fatturatici.

Se la ns. proposta non è di Vs. gradimento, non esitate a comunicarcelo ed immediatamente Vi restituiremo l'interna partita in attesa di ricevere la merce ordinataVi. Le spese saranno naturalmente a Vostro intero carico.

Fiduciosi che simili inconvenienti, che rischiano di danneggiare i ns. rapporti, non abbiano più a ripetersi, distintamente Vi salutiamo.

STEIMLE & Söhne KG

calzaturificio *m*
  Schuhfabrik
commissione *f*
  Auftrag, Bestellung
consegnare liefern
essere conforme
  entsprechen
campionario *m*
  Musterkatalog
sottoporre vorlegen
confondere
  verwechseln
scegliere
  (aus)wählen
pessimo
  äußerst schlecht
avanzare lamentele
  f/pl etwas bemängeln
venire incontro
  entgegenkommen
in conto commissione
  in Kommission
collocare
  unterbringen
fatturare berechnen
restituire erstatten,
  zurückgeben
partita *f* Posten
a carico zulasten
fiducioso
  zuversichtlich
inconveniente *m*
  Unannehmlichkeit
rapporto Beziehung

Vergütung einer Zollstrafe
Indennizzo per ammenda doganale

46

Bremen, 15 marzo ....

Spett.
Quattrocchi Fulvio & C.
Via Rimembranza, 7
I-17100 SAVONA / SV

oggetto: rimborso ammenda doganale

In riferimento alla pregiata Vs. del 5 c.m., apprendiamo che Vi è stata inflitta un'ammenda doganale, in seguito all'invio del laminato plastico imbarcato sulla motonave «Stromboli».

Siamo davvero spiacenti che al ritiro della merce Vi sia stata elevata questa contravvenzione, in quanto sul documento di bordo non erano riportate le misure delle superfici.

Evidentemente si è trattato di una svista del Commissario di bordo, poiché noi avevamo consegnato tutte le misurazioni insieme al resto dei documenti.

In ogni caso, provvederemo noi al rimborso dell'intera multa che Vi sarà accreditata sull'ammontare della fattura.

Ci auguriamo saperVi soddisfatti e, certi di continuare i nostri ottimi rapporti di lavoro, distintamente Vi salutiamo.

Gerhard Schmilde & Co.

infliggere auferlegen
ammenda doganale *f*
  Zollstrafe
in seguito
  aufgrund, wegen
laminato *m*
  Verbundplatte
imbarcare
  verschiffen
ritiro *m* Abholung
contravvenzione *f*
  gebührenpflichtige
  Verwarnung
documento di bordo
  Schiffspapier
riportare
  aufführen, angeben
superficie *f*
  Oberfläche
consegnare
  abliefern
svista Versehen
misurazione *f*
  Abmessung
rimborso
  Rückerstattung
multa Geldstrafe
accreditare
  gutschreiben
ammontare *m*
  Betrag

Bitte um Auskunft über eine Firma
Richiesta di informazioni su una ditta

Köln, 13 maggio ....

Spett.le
Agenzia Internazionale
«COSMOS»
Via Poerio, 59
I-20100 MILANO / MI

La ditta, il cui nominativo è segnato nel foglietto qui accluso, ci ha trasmesso un ingente ordine indicandoci inoltre due Società alle quali rivolgerci per ulteriori informazioni.

Preferiamo invece rivolgerci alla Vs. Agenzia che gode ovunque di stima e fiducia, confidando che possiate fornirci delle informazioni in merito alla posizione finanziaria, serietà e correttezza commerciale di detta azienda.

Vi assicuriamo da parte ns. la massima discrezione e Vi solleviamo da ogni responsabilità presente e futura riguardo le informazioni che ci saranno da Voi fornite.

Vi ringraziamo anticipatamente per il servizio resoci e Vi preghiamo di accludere alla Vs. lettera di risposta la nota delle spese sostenute.

Gradite, intanto, i nostri migliori saluti.

M. Krone
Elektronische Geräte

All. n° 1

nominativo Name
trasmettere
  übermitteln
ingente umfangreich
società *f*
  Gesellschaft, Firma
rivolgersi a
  sich wenden an
agenzia Agentur
ovunque allseits
stima *f* Ansehen
fiducia *f* Vertrauen
in merito a
  bezüglich
serietà *f* Seriosität
correttezza *f*
  Fairness, Korrektheit
azienda *f* Betrieb
sollevare entheben
responsabilità *f*
  Verantwortung
rendere un servizio
  einen Dienst
  erweisen
accludere beifügen
sostenere le spese
  die Ausgaben
  bestreiten

Günstige Auskunft
Informazione favorevole

Köln, 24 luglio ....

Spett.le Ditta
L. Valpiano
Materiale Elettronico
V.le Belfiore, 100
I-10100 TORINO / TO

Egregio Commendatore,

Siamo lieti di poterLe fornire le informazioni richiesteci con la pregiata Vostra del 15 corr. sul nominativo segnato nel foglio allegato.

La ditta si occupa principalmente della costruzione e del montaggio di elementi di base per calcolatori elettronici e gode di ottima stima in Germania ed in altri paesi dell'Europa.

I fratelli proprietari sono persone rispettabili, intraprendenti e molto esperti nel loro settore. Non sono provvisti di grandi mezzi finanziari, però hanno la capacità di renderli sufficienti per il loro giro d'affari.

Per quanto riguarda la loro correttezza, Vi assicuriamo che hanno sempre soddisfatto con scrupolo e puntualità ogni loro impegno. Noi abbiamo sempre avuto, e continuiamo ad avere, ottime relazioni d'affari con loro e possiamo quindi affermare che tale ditta è degna della massima stima.

Riteniamo comunque superfluo raccomandarLe di fare uso confidenziale delle ns. informazioni.

Con i migliori saluti.

R. Helmsmeier – D.E.M.W.

all.: 1

richiedere
  erbitten, nachfragen
nominativo *m* Name
segnare vermerken
allegare beifügen
montaggio *m*
  Montage
calcolatore *m*
  elettronico
  elektronische
  Rechenmaschine
stima *f* Achtung
proprietario *m*
  Besitzer
intraprendente
  unternehmerisch
esperto
  erfahren, sachkundig
provvisto
  ausgestattet
mezzo *m* **finanziario**
  Finanzmittel
assicurare
  versichern
scrupolo *m* Sorgfalt
puntualità *f*
  Pünktlichkeit
impegno *m*
  Verpflichtung
degno würdig
uso confidenziale
  vertraulicher
  Gebrauch

München, 15 novembre ....

Spett.le
A. CALAMANDREI s.n.c.
Marmi e porfidi
I-54100 MASSA / MS

Egregi Signori,

In riferimento alla Vs. richiesta dell'8 c.m., ci dispiace doverVi fornire delle informazioni poco favorevoli sul conto della ditta che Vi interessa.

Si tratta di una società che ha sempre funzionato sull'orlo del dissesto finanziario, facendo fronte con grande difficoltà agli impegni assunti.

Abbiamo inoltre saputo della eventualità di un prossimo fallimento, poiché ci risulta da fonti dirette che i titolari, pur avendo investito nella ditta anche i loro patrimoni personali, si trovano ora in considerevoli difficoltà economiche.

Pertanto non riteniamo che si possa concedere loro alcun credito, e Vi consigliamo di chiedere il prepagamento della merce.

Raccomandiamo naturalmente la massima riservatezza su quanto comunicatoVi, e ricordiamo che tutto ciò è senza alcuna responsabilità per la ns. azienda.

Distinti saluti.

Marscham GmbH
Maschinenfabrik

marmo *m* Marmor
porfido *m* Porphyr
orlo *m* Rand
dissesto finanziario
  finanzieller Ruin
impegno *m*
  Verpflichtung
assumere
  übernehmen
fallimento Konkurs
titolare
  Besitzer, Eigentümer
pur obwohl, trotz
patrimonio *m* **personale**
  Eigenvermögen
considerevole
  erheblich
ritenere
  meinen, glauben
concedere credito
  Kredit gewähren
prepagamento
  Vorauszahlung
riservatezza
  Zurückhaltung, Geheimhaltung
azienda
  Betrieb, Firma

FRUIT SRL   98100 MESSINA
EXPORT – IMPORT
Tel. 090263418
Fax 090263419

data: Messina, 15 giugno ....

Alla
Dogana del Porto di
98100 MESSINA / ME

Ufficio acquisti / cessioni
Alla c.a. del dirigente
distrettuale

Il seguente fax è composto da N° .... pagine

In caso di non-trasmissione o trasmissione illegibile, preghiamo di metterVi in contatto con il seguente n° tel.: ....

oggetto: Elenco riepilogativo degli acquisti intracomunitari (Mod. INTRA 2)

Come da ns. colloquio telefonico odierno, trasmettiamo il suddetto elenco relativo alla pratica n° .... del ....

Scusandoci ancora per la errata compilazione precedente, ringraziamo per la Vs. collaborazione.

Con i migliori saluti.

p. FRUIT S.r.l.

acquisto *m*
  hier: Einfuhr
cessione *f*
  hier: Ausfuhr
distrettuale
  Bezirks-, Kreis-...
trasmissione *f*
  Übertragung
illegibile   unleserlich
riepilogativo
  zusammenfassend
intracomunitario
  innergemeinschaftlich
odierno   heutig
pratica
  Akte, Vorgang
compilazione
  Aufstellung

51 Zahlungserinnerung
Sollecito di pagamento

➡ Brief 52

Innsbruck, 12 gennaio ....

Spett.le
Mobilificio OLIVER
Via Sabotino, 4
I-37053 CEREA / VR

oggetto: sollecito di pagamento

Egregi Signori,

Allegato alla presente Vi trasmettiamo il Vs.
estratto conto al 31 dicembre u.s. dal quale si
evince un saldo a ns. credito di € ....

Poiché conosciamo la Vostra scrupolosità ed esat-
tezza, riteniamo si tratti di una dimenticanza o di
una svista del Vostro personale contabile.

Vogliate pertanto esaminare l'estratto conto e
quindi provvedere al pagamento oppure, se prefe-
rite, passare tale ns. credito in conto nuovo.

Vi ringraziamo per la Vs. attenzione e, in attesa di
riscontro, distintamente Vi salutiamo.

E. Jürgens – Möbelfabrik

all.: estratto conto

sollecito *m* Mahnung
trasmettere
übersenden
estratto conto
Kontoauszug
evincere ableiten
saldo a ns. credito
unser Guthaben
scrupolosità
Sorgfalt
dimenticanza
Versäumnis
svista Versehen
personale contabile
Buchhaltung
provvedere a
sorgen für
passare in conto
nuovo
als Anzahlung
verbuchen
riscontro *m* Antwort

➡ Brief 51

Innsbruck, 25 gennaio ....

Spett.le
Mobilificio OLIVER
Via Sabotino, 4
I-37053 CEREA / VR

oggetto: secondo sollecito di pagamento

Egregi Signori,

Non ci è ancora pervenuta una Vs. risposta alla nostra lettera del 12 c.m. con la quale sollecitavamo la rimessa a saldo del nostro credito di € ..., scaduto il 31 u.s.

Tale credito che riteniamo tuttora scoperto, ci vede costretti ad insistere affinché provvediate a farci avere sollecitamente un assegno oppure che ci autorizziate a spiccare tratta a vista su di Voi per il relativo importo.

Confidiamo che ci vorrete evitare ulteriori solleciti ed in attesa delle Vostre immediate notizie, Vi salutiamo distintamente.

E. Jürgens – Möbelfabrik

allegato n. 1

pervenire	eintreffen
risposta	Antwort
sollecitare	mahnen
rimessa	Überweisung
scadere	fällig werden
tuttora	noch (immer)
essere scoperto	unbeglichen, ausstehen
provvedere	nachkommen
sollecitamente	umgehend
assegno	Scheck
spiccare tratta *f*	Wechsel ziehen
a vista	bei Sicht
relativo	entsprechend
confidare	sich darauf verlassen

53 Dritte Mahnung mit Klageandrohung
Terzo sollecito con intimazione di querela

➡ Briefe 51, 52

Innsbruck, 10 febbraio ....

Spett.le
Mobilificio OLIVER
Via Sabotino, 4
I-37053 CEREA / VR

oggetto: **terzo sollecito pagamento**

Con vivo disappunto dobbiamo rilevare che non avete tenuto in alcuna considerazione i ns. precedenti solleciti, con i quali rammentavamo che è tuttora negativo il nostro saldo di € ....

Sicuri che abbiate apprezzato la nostra precedente massima considerazione concedendoVi più del tempo necessario, ma ora Vi dobbiamo far rilevare che non possiamo attendere ulteriormente.

Vi informiamo pertanto che se non dovessimo ricevere un assegno a saldo entro 10 giorni dalla data della presente, oppure l'autorizzazione a spiccare tratta a vista su di Voi (come già richiesto con la nostra del 25 u.s.), ci vedremo costretti ad adire le vie legali per il recupero del credito.

Rimaniamo fiduciosi che adempirete immediatamente al pagamento della suddetta fattura della quale alleghiamo ulteriore copia, risparmiandoVi così le spese e le spiacevoli conseguenze di un'azione legale.

Distinti saluti.

E. Jürgens – Möbelfabrik

allegato: copia fattura No.123

---

disappunto *m*
  Missfallen
rilevare feststellen
tenere in considerazione
  berücksichtigen
rammentare
  erinnern
tuttora immer noch
saldo negativo
  Verlustsaldo
apprezzare schätzen
considerazione
  Rücksichtnahme
concedere
  zugestehen
ulteriormente
  weiter
a saldo
  zum vollen Ausgleich
spiccare tratta
  einen Wechsel ziehen
adire le vie legali
  gerichtliche Schritte
  einleiten
recupero
  Eintreibung
adempiere
  erfüllen, leisten
azione *f* **legale**
  gerichtliches
  Vorgehen

Antwort auf Zahlungsaufforderung
Risposta ad una ingiunzione di pagamento

➡ Brief 45

54

Bayreuth, 20 giugno ....

Spett. SARCA S.p.A.
Calzaturificio
Via dell'Armonia, 66
I-37060 SONA / VR

oggetto: bonifico bancario a saldo fatt. 347/S

Egregi Signori,

Facendo seguito alla pregiata Vostra del 15 c.m.
con la quale ci ricordavate il Vs. credito di € ....
relativo alla Vs. fattura n° 347/S del 30 u.s., Vi
comunichiamo che, nonostante una iniziale perplessità per il Vostro inaspettato avviso, effettivamente da un ulteriore esame della ns. contabilità,
detta fattura risulta non ancora saldata.

Essa, infatti, era stata erroneamente archiviata fra
le fatture da pagare con scadenza a 90 gg.

Scusandoci per la svista, Vi informiamo di aver
dato oggi stesso ordine alla Banca Commerciale
di trasferire € .... (a saldo della suddetta fattura) su
Vs. conto corrente n° 1234/56.

Vi ringraziamo per la Vostra paziente attesa del
ns. bonifico e Vi preghiamo di gradire i nostri più
cordiali saluti.

STEIMLE & Söhne

calzaturificio *m*
 Schuhfabrik
bonifico *m*
 Gutschrift, Überwei-
 sung
a saldo
 zum vollen Ausgleich
relativo a betreffend
comunicare
 mitteilen
iniziale anfänglich
perplessità
 Bestürztheit, Rat-
 losigkeit
risultare
 sich erweisen
saldare begleichen
scadenza *f* Fälligkeit
svista Versehen
conto *m* **corrente**
 Girokonto

Meissen, 2 maggio ....

Spett.
F.lli Marongio S.r.l.
Vico Vasto, 7
I-80100 NAPOLI / NA

Vi siamo grati della Vs. lettera del 26 u.s. dalla quale però abbiamo appreso con rammarico che la fornitura è stata gravemente danneggiata durante il trasporto.

Abbiamo naturalmente esaminato la questione ed accertato che la merce è stata da noi consegnata nelle migliori condizioni allo spedizioniere.
Infatti possiamo garantire che sono state rispettate tutte le precauzioni possibili per un imballaggio accurato, ed è stato effettuato un ulteriore controllo nel momento in cui le merci in questione hanno lasciato il ns. stabilimento.

Pertanto, in riferimento alle condizioni generali del contratto, abbiamo immediatamente trasmesso il Vs. reclamo allo spedizioniere, il quale ci ha assicurato un suo intervento. Riteniamo comunque che sia opportuno mettersi in contatto direttamente con lo spedizioniere per la giusta Vs. richiesta di risarcimento.

Siamo veramente molto dispiaciuti che abbiate avuto questi inconvenienti, ma comprenderete sicuramente che sono dovuti a circostanze indipendenti dalla nostra volontà.

RingraziandoVi per la Vs. comprensione, rimaniamo a Vs. disposizione.

Cordiali saluti.

RO. DI. GmbH

rammarico *m*
Bedauern
fornitura Lieferung
danneggiare
beschädigen
accertare feststellen
precauzione
Vorsichtsmaßnahme
imballaggio
Verpackung
stabilimento
Werk, Fabrik
condizioni generali
allgemeine Bedingungen
contratto *m* Vertrag
reclamo
Beschwerde, Reklamation
intervento
Eingreifen, Einschalten
essere opportuno
angebracht sein
risarcimento *m*
Ersatz, Entschädigung
inconveniente *m*
Unannehmlichkeit
circostanza *f*
Umstand
comprensione
Verständnis

Düsseldorf, 15 giugno ....

Spett.Ditta
D'Amore & C.
Importazioni
Via Foscolo, 2
I-84100 SALERNO / SA

e p.c.

Compagnia di Navigazione
MEDIMAR
Viale Italia, 7
I-80100 NAPOLI / NA

oggetto: richiesta risarcimento danni

Egregi Signori,

Vi ringraziamo per la Vs. lettera del 10 corr., ricevuta con certificato di avaria allegato e siamo molto spiacenti che la merce pervenuta in Vs. possesso sia risultata gravemente danneggiata.

Naturalmente abbiamo subito avviato delle ricerche per verificare la questione.

Dopo un'accurata indagine nel ns. magazzino, il responsabile ci ha assicurato che la merce è stata imballata a regola d'arte, com'è del resto nostra abitudine, ed è stata dunque consegnata allo spedizioniere.

Dobbiamo constatare quindi che non possiamo assumerci la responsabilità e di conseguenza ci dispiace che, da parte nostra, la Vs. richiesta di risarcimento danni non può essere presa in considerazione.

.../2

richiesta *f* **di risarcimento danni**
Schadenersatzforderung
certificato di avaria
Havariezertifikat
possesso *m* Besitz
gravemente danneggiato
schwer beschädigt
avviare veranlassen
ricerca
Nachforschung
indagine *f*
Untersuchung
magazzino Lager
responsabile
Verantwortlicher
imballare verpacken
a regola d'arte
sachgemäß
essere abitudine
üblich sein
consegnare
übergeben
assumersi
übernehmen
di conseguenza
folglich
prendere in considerazione
in Betracht ziehen

Il danno sicuramente è avvenuto durante il traspor- to e cioè dopo l'imbarco, come si deduce dalla po- lizza di carico netta, emessa dalla Compagnia di Navigazione.

Quindi Vi consigliamo di effettuare delle ricerche presso detta Compagnia e di trasmettere tutta la pratica alla Vs. assicurazione.

Troverete accluso anche il Vs. certificato di avaria, il quale sicuramente Vi sarà richiesto dalla Vs. compagnia di assicurazione.

Sperando che questo contrattempo si risolvi al più presto, saremmo lieti se ci vorreste far pervenire un Vs. cenno al riguardo.

Distinti saluti.

KOHLMANN & Co.

all.: certificato di avaria

imbarco *m*
Verschiffung
dedurre ableiten
emettere ausfertigen
polizza di carico
netto
reines Konnossement
compagnia di
navigazione
Reederei
pratica
Akte, Unterlagen
assicurazione
Versicherung
contrattempo
Zwischenfall
cenno
Bestätigung, Zeichen
al riguardo
im Hinblick auf, in
diesem Zusammen-
hang

Antwort auf Preisreklamation
Risposta ad un reclamo prezzi

Essen, 25 agosto ....

Spett.
Manzi e Rosato S.r.l.
Officine Meccaniche
Via Due Torri, 1
I-29100 PIACENZA / PC

Vs. rif.: prot.n. 1346 / 12.08.

Egregi Signori,

Siamo in possesso della Vostra lettera del 12 c.m. e Vi ringraziamo, ma dobbiamo esprimerVi il nostro stupore per le Vs. richieste e le relative motivazioni.

Ci preoccupa molto il fatto che non siate rimasti soddisfatti della qualità della merce inviataVi, contestandola pesantemente insieme ai ritocchi apportati ai prezzi.

Per quanto riguarda la qualità, pensiamo che non avete alcun motivo di lamentarVi, poiché si tratta della stessa identica merce che Vi abbiamo sempre fornito e che deriva dallo stesso atto produttivo.

Rispetto alla variazione dei prezzi, Vi vogliamo ricordare che già durante il nostro colloquio telefonico dell'8 corr. con il Vs. responsabile, il Sig. Rossi, avevamo preso accordi in merito. Pertanto non riusciamo a comprendere le Vs. contestazioni per il prezzo calcolatoVi, trattandosi oltretutto del nostro listino ufficiale, in vigore dal 1° u.s. e del quale eravate a conoscenza.

Siamo molto spiacenti di questo equivoco, e tenendo conto dei ns. rapporti d'affari pluriennali, Vi vogliamo fare la seguente proposta:

...../2

stupore
  Erstaunen
rimanere soddisfatto
  zufrieden sein
contestare
  beanstanden
ritocco al prezzo
  Preisänderung
lamentarsi
  sich beschweren
derivare
  hervorgehen
atto produttivo
  Produktionsvorgang
prendere accordi
  Vereinbarungen treffen
in merito
  diesbezüglich
contestazione
  Beanstandung
oltretutto außerdem
listino ufficiale
  gültige Preisliste
in vigore in Kraft
essere a conoscenza
  in Kenntnis sein
equivoco
  Missverständnis
pluriennale
  mehrjährig

L'imballaggio non sarà fatturato, e per il corrispettivo Vi invieremo una nota di credito, oppure lo passeremo a Vs. credito per i prossimi ordini.

Augurandoci di averVi fatto cosa gradita ed in attesa di un Vs. riscontro, rimaniamo a Vostra completa disposizione per ogni ulteriore chiarimento.

Con i migliori saluti.

C. Leumann & Co.
Vereinigte Kugellager-Werke

imballaggio *m*
Verpackung
fatturare   berechnen
corrispettivo
Gegenwert
nota di credito
Gutschrift
passare in credito
gutschreiben
fare cosa gradita
einen Gefallen erweisen

Hannover, 17 aprile ....

Spett.le
A. THON s.n.c.
Magazzini di Calzature
Via Falcucci, 20 – 22
I-39100 BOLZANO / BZ

oggetto: richiesta riduzione prezzo

Vi ringraziamo per la conferma dell'ordine del 12 corr. che questa mattina avete effettuato tramite fax e con il quale ci richiedete un'ulteriore riduzione del prezzo.

Al riguardo Vi comunichiamo che, prima di sotto-porVi la ns. offerta, abbiamo valutato molti elementi.

Si tratta di un'offerta molto vantaggiosa ed assolutamente concorrenziale e dubitiamo che la ns. concorrenza sia in grado di eguagliarla.

Osservando il listino ufficiale, potrete facilmente verificare che il prezzo propostoVi è nettamente inferiore ad esso.

I nostri prezzi all'ingrosso, infatti, sono calcolati in base al nostro sistema di produzione che ci permette di soddisfare molte richieste in tempi reali, evitando qualsiasi imprevisto che possa andare a discapito della qualità del prodotto finale.

Ci permettiamo di ricordarVi inoltre che Vi sono state concesse molte condizioni particolari. Come sapete infatti, l'offerta era limitata nel tempo, cioè fino al 28 febbraio c.a. e la riduzione di prezzo del 10 % si riferiva ad ordinazioni superiori ai 500 pezzi.

Siamo certi che Vi renderete conto del trattamento eccezionale concessoVi.

.../2

ulteriore weitere(r)
al riguardo
  diesbezüglich
valutare
  in Betracht ziehen
concorrenziale
  wettbewerbsfähig
eguagliare
  gleichkommen
listino ufficiale
  gültige Preisliste
inferiore geringer
prezzo all'ingrosso
  Großhandelspreis
sistema di produ-
  zione Herstellungs-
  verfahren
tempi reali
  absehbare Termine
imprevisto *m*
  unvorhergesehene
  Umstände
a discapito
  zum Nachteil
prodotto finale
  Endprodukt
concedere gewähren
limitato nel tempo
  zeitlich begrenzt
riferirsi s. beziehen
trattamento eccezio-
  nale
  Sonderbehandlung

Vogliamo comunque – per stimolare ed incentivare i ns. rapporti d'affari – proporVi un'altra condizione:

invece di insistere sul pagamento al momento dell'ordinazione, siamo disposti a concederVi il pagamento per credito documentario presso la Dresdner Bank di Hannover, consentendoVi in questo modo una dilazione di pagamento.

Attendiamo con piacere la Vs. opinione a proposito ed in tale senso, Vi salutiamo distintamente.

Ernst Ibling & Söhne
Schuhgroßhandel

incentivare fördern
rapporto d'affari
Geschäftsbeziehung
credito *m* **documen-**
tario Dokumenten-
akkreditiv
dilazione Aufschub

Beschwerde wegen Lieferverzug
Reclamo per consegna ritardata

Vienna, 23 ottobre ....

Spett.
G. SCAPOLAN S.p.A.
Via C. Battisti, 8
I-38100 TRENTO / TN

Con riferimento al ns. ordine N. 212 del 12 del mese scorso ed alla Vs. lettera successiva del 20 s.m., con la quale assicuravate che la merce ci sarebbe stata spedita entro il 10 c.m., dobbiamo constatare che, contrariamente alle Vs. affermazioni, non abbiamo ancora ricevuto l'avviso di spedizione né tantomeno la merce, nonostante il Vs. agente ci avesse assicurato il 5 corr. che la spedizione era stata già effettuata.

Poiché abbiamo necessità di riceverla per poter procedere con le consegne ai ns. clienti nei termini previsti dagli impegni assunti e trattandosi di articoli autunnali, Vi facciamo notare che ci troviamo ormai completamente sprovvisti e, di conseguenza, non siamo più in grado di garantire lo stesso impeccabile servizio offerto da tanti anni ai ns. clienti.

Pertanto Vi invitiamo a provvedere alla immediata spedizione dandoci cenno di conferma al ricevimento della presente.

In caso contrario, ci dispiace farVi osservare che, se noteremo ancora una volta una tale mancanza di puntualità, ci sentiremo costretti a rivolgerci ad altri esportatori, riservandoci comunque di citarVi in giudizio per il rimborso dei danni.

Restiamo in attesa di Vostro immediato riscontro e distintamente Vi salutiamo.

Mocke & Sohn

assicurare zusichern
entro bis, innerhalb
contrariamente a entgegen
affermazione Zusage
avviso m **di spedizione** Versandanzeige
tantomeno ebenso wenig
agente Vertreter, Handelsagent
effettuare tätigen
impegno m Verpflichtung
assumere übernehmen
sprovvisto unversorgt
impeccabile einwandfrei
provvedere Sorge tragen
esportatore Exporteur
citare in giudizio verklagen
riscontro Rückäußerung

Innsbruck, 5 maggio ....

Alla c.a. del Sig. Manca

Ditta E. Manca
Mobilificio
Zona Industriale
I-37051 BOVOLONE / VR

lettera personale

Egregio Signor Manca,

Ci permettiamo di rivolgerci nuovamente a Lei sottoponendoLe una richiesta che, qui di seguito, vorremmo illustrarLe.

Come Lei sa, siamo ormai da anni in relazioni d'affari con la Ditta OLIVER di .... Negli ultimi mesi però, dopo vari cambiamenti all'interno della società, sono subentrati dei problemi al punto da rendere i ns. rapporti estremamente tesi.

Come potrà apprendere dalla relazione allegata, abbiamo fornito dei pannelli isolanti, prodotti con miscele particolari.

Il problema consiste nel fatto che la suddetta ditta esprime il dubbio che i pannelli forniti, ed in specifico la massa isolante, non corrispondono ai ns. campioni già precedentemente inviati.

Poiché il pagamento non è ancora avvenuto e la ditta prospetta la spiacevole ipotesi di non osservare le relative condizioni, ci siamo permessi di rivolgerci a Lei, stimandoLa uno dei maggiori esperti in materia. Con posta separata invieremo tutto il materiale necessario (relazione tecnica, prelievo della massa isolante, ecc.).

mobilificio *m*
  Möbelfabrik
sottoporre
  unterbreiten
richiesta Anliegen
di seguito
  nachfolgend
illustrare
  schildern, erläutern
relazione *f* **d'affari**
  Geschäftsbeziehung
vario verschieden
all'interno innerhalb
subentrare
  nachfolgen
teso gespannt
relazione *f* Bericht
pannello *m* **isolante**
  Isolierplatte
miscela *f* Gemisch
esprimere un dubbio
  e. Zweifel äußern
massa *f* **isolante**
  Isoliermasse
avvenire erfolgen
prospettare
  in Aussicht stellen
ipotesi *f* Hypothese,
  Möglichkeit
osservare befolgen
relativo
  entsprechend

.../2

Le chiediamo quindi di approntare una perizia sui pannelli da noi forniti e sui rispettivi materiali isolanti usati e di rappresentarci all'ufficio di arbitrato in qualità di ns. tecnico.

La Ditta OLIVER infatti esige un giudizio arbitrale, al quale ci sottoporremo in seguito al Suo operato.

Ringraziando in anticipo del Suo intervento ed in attesa della Sua gradita risposta, rimaniamo a Sua disposizione per ulteriori chiarimenti.

Cordiali saluti.

B. Benzinger
Holzverarbeitung

allegati

approntare erstellen
perizia *f* Sachverständigengutachten
prelievo *m*
 Probenentnahme
ufficio di arbitrato
 Schiedsstelle
tecnico *m*
 hier: Gutachter
esigere fordern
giudizio arbitrale
 Schiedsgerichtsurteil
operato *m*
 Werk, Arbeit

61 Auftrag über eine Warenarbitrage
Incarico per un arbitraggio in merci

Recklinghausen, 2 settembre ....

Spett.le
Agenzia «COMMARBITER»
Arbitraggio merci
Via Savonarola, 5
I-50100 FIRENZE / FI

Ci rivolgiamo a Voi con la preghiera di difendere i ns. interessi nella controversia con la Ditta ...., con la quale siamo costretti a concludere i ns. rapporti commerciali, ricorrendo ad una sentenza arbitrale.

La citata ditta contestava la merce da noi fornita in quanto, al momento dello scarico in magazzino, riscontrava un elevato assorbimento di umidità.

Nonostante i prelievi di campioni effettuati e le loro analisi, continuano i nostri contrasti d'opinione.

Vogliate comunque apprendere tutte le notizie dettagliate e tecniche circa la questione dal ns. rapporto accluso. Alleghiamo inoltre tutte le analisi eseguite ed un campione originale prelevato dalla merce in questione.

Pertanto Vi preghiamo di voler gentilmente accettare il mandato che Vi conferiamo.

In attesa della Vs. perizia e nella speranza di conciliare senza dover ricorrere ad un superarbitraggio, distintamente salutiamo.

Kunststoffwerke AG
p. il Direttore

arbitraggio Schiedsspruch, Arbitrage
controversia Streitfall, Rechtsstreit
ricorrere a anrufen, sich wenden an
sentenza arbitrale Schiedsspruch
contestare beanstanden
in quanto als, weil
scarico Entladen
assorbimento *m* **di umidità** Feuchtigkeitsaufnahme
prelievo di campioni Probenentnahme
analisi *f* Analyse
contrasto d'opinione Meinungsverschiedenheit
prelevare entnehmen
mandato Auftrag, Vollmacht
conferire erteilen
perizia *f* Gutachten
conciliare sich gütlich einigen
superarbitraggio oberste Schiedsgerichtsentscheidung

Hamburg, 5 maggio ....

Egregio Per. Ind.
Bruno RIGHI
Via Porto Vecchio
I-16100 GENOVA Porto / GE

e p.c.

Ditta ROGER & COEN
Rue Pasteur 33
CH-1000 LAUSANNE

oggetto: incarico controllo pesatura e
campionatura

Egregio Signor Righi,

Abbiamo il piacere di informarLa che tra quindici giorni circa, giungerà al porto di Genova la nave «OKLAHOMA», proveniente dagli Stati Uniti. Da essa saranno scaricate per nostro conto le seguenti merci:

40 balle rotonde di cotone (tipo MDT/1 – 1a qualità), peso complessivo kg 7200

Come di consueto, siamo lieti di darLe l'incarico di rappresentarci al momento dello scarico, procedendo al controllo della pesatura e della sua campionatura.

La preghiamo di prelevare una decina di campioni da balle diverse ricordandoLe che, sfortunatamente, con l'ultima partita di cotone si è verificato un notevole sovrappeso ed i nostri clienti hanno lamentato un'eccessiva umidità.

Per. Ind. = **perito** *m* **industriale**
Industriesachverständiger, Techniker
scaricare entladen
balla *f* Ballen
peso *m* **complessivo** Gesamtgewicht
come di consueto wie üblich
incarico *m* Auftrag
pesatura Abwiegen
campionatura Probenentnahme
partita *f* Posten
verificare nachweisen
sovrappeso Übergewicht
lamentare (be)klagen

.../2

La merce è già stata venduta – C.I.F. Genova – alla Ditta «ROGER & COEN» di Losanna e pertanto Le chiediamo di avvisare la ditta dell'avvenuto arrivo e dello scarico e di prendere tutti gli accordi necessari per il successivo trasporto.

Com'è ormai abitudine ci manderà, per via aerea, i campioni prelevati e le bollette di peso, insieme ad un rapporto dettagliato riguardante la merce e tutte le dovute operazioni effettuate.

Per la Sua prestazione professionale La invitiamo nel contempo ad inoltrarci la Sua parcella e, grati della preziosa collaborazione, cordialmente La salutiamo.

W. KRAHN & Co.
Import – Export

pertanto
daher, deshalb
avvenire erfolgen
prendere accordi
Vereinbarungen treffen
per via aerea
auf dem Luftweg
bolletta di peso
Gewichtsnote
dettagliato
detailliert
prestazione professionale berufliche Leistung
nel contempo
gleichzeitig
inoltrare einreichen
parcella Rechnung

Auftrag zur Analyse einer Warenprobe
Richiesta di analisi di un campione

Leipzig, 5 luglio ....

Spett.
Istituto analitico CO.FI.
Via Boncompagni, 8
I-20100 MILANO / MI

oggetto: richiesta di analisi

In seguito ad un nostro ordine, la Ditta «Oleifici Liguri Riuniti» ci ha fornito n° 30 casse di olio d'oliva di 1ᵃ qualità, contenente ciascuna 50 lattine stagnate da 1 litro.

L'olio da noi richiesto, così come risultava dai campioni che ci furono sottoposti, doveva avere i requisiti indicati nel rapporto accluso.

La merce è giunta al ns. magazzino il 25 u.s., e da un primo controllo abbiamo avuto l'impressione di non aver ricevuto la stessa qualità di merce propostaci come campione.

Pertanto ci rivolgiamo a Voi, pregandoVi di sottoporre ad una scrupolosa analisi i flaconcini che, con posta separata, Vi inviamo quali campioni senza valore.

Vi saremmo grati per una sollecita risposta sull' esito dell'esame che vorrete inviarci per raccomandata.

A Vs. richiesta invieremo naturalmente l'onorario che Vi compete insieme alle spese sostenute.

RingraziandoVi, distintamente Vi salutiamo.

EDEKA
p. H. Kramer

analisi *f* Analyse
oleificio *m* Ölfabrik
1ᵃ qualità *f*
  1 A-Qualität
lattina *f* **stagnata**
  Blechdose, -kanister
requisito *m*
  Qualitätsmerkmal
rapporto Bericht
scrupoloso
  sorgfältig
flaconcino *m*
  Fläschchen
quale als
campione senza valore
  Muster ohne Wert,
  Warenmuster
sollecito
  baldig, rasch
esito *m* Ergebnis
esame *m* Prüfung
per raccomandata
  per Einschreiben
onorario *m* Honorar
competere zustehen
sostenere anfallen

64 Angebot zur Übernahme einer Vertretung
Offerta di collaborazione di un rappresentante

Wien, 4 giugno ....

Spett.le
F.lli Borsci
I-74020 SAN MARZANO / TA

Egregi Signori,

Durante il mio ultimo viaggio di affari in Italia ho avuto l'opportunità di degustare il Vostro rum e sono rimasto benevolmente sorpreso dal suo profumo ed aroma abboccato.

Poiché sono rappresentante di vini e spumanti per conto di diverse ditte italiane, sarei interessato ad ottenere anche la rappresentanza del Vostro rum per tutta l'Austria.

Dispongo di consolidate relazioni d'affari con ottimi clienti, annoverando tra essi i più noti grossisti e dettaglianti dell'Austria. Aggiungo inoltre che svolgo quest'attività dal 1990.

RivolgendoVi alla Camera di Commercio di Vienna e di Bolzano, al Banco di Napoli ag. di Bolzano, nonché alle Ditte segnalate nel foglietto qui accluso, potrete avere indubbiamente notizie sulla mia serietà ed affidabilità, quali referenze per un ottimo e costruttivo rapporto d'affari.

Se la mia proposta è di Vostro interesse, vogliate comunicarmi le condizioni alle quali sarete disposti ad affidarmi detta rappresentanza.

Con i migliori saluti.

Gustav Blomber
Handelsvertreter

degustare
probieren, kosten
benevolmente sorpreso
angenehm überrascht
abboccato süffig
disporre di
verfügen über
consolidato gefestigt
annoverare zählen
relazione *f* **d'affari**
Geschäftsbeziehung
grossista *m*
Großhändler
dettagliante *m*
Einzelhändler
svolgere un'attività
e. Tätigkeit ausüben
indubbiamente
ohne Zweifel
serietà Seriosität
affidabilità
Vertrauenswürdigkeit, Zuverlässigkeit
quale referenza
als Referenz
affidare
anvertrauen, übertragen

Mannheim, 12 marzo ....

Spett.le
WELLA & LETO
Prodotti Cosmetici
Via Pellico, 5
I-20100 MILANO / MI

oggetto: Vs. annuncio del 10/3 su «Mannheimer Morgen»

Sono rappresentante di cosmetici utilizzati nella terapia dermatologica più moderna e da molti anni ormai lavoro con ditte tedesche specializzate nel settore, come la «W. Hordmann» di Mannheim e la «Fabrik Medizinische Präparate» di Stoccarda.

Sarei interessato ad espandere il mio campo di lavoro offrendo i miei servigi come rappresentante dei Vs. prodotti qui in Germania. Anche una eventuale doppia rappresentanza non comporterebbe alcun problema, anzi ritengo che potrebbe presentare diversi vantaggi.

Vi posso garantire che rispondo ai requisiti professionali che richiedete con il Vs. annuncio ed, in specifico, dispongo di esperienza e conoscenza del settore.

Oltre questi titoli posso affermare di essere ormai ben introdotto nell'ambiente, disponendo di rapporti ben collaudati tra farmacisti e titolari di profumerie.

Inoltre ho già alle mie dipendenze 2 sub-agenti e 2 commessi viaggiatori che si occupano di mantenere i contatti quotidiani con i miei clienti.

.../2

cosmetico *m*
Kosmetikum
terapia Therapie
settore *m*
Sektor, Bereich
espandere erweitern
campo di lavoro
Tätigkeitsfeld
servigio Dienst
anzi im Gegenteil
ritenere
meinen, schätzen
requisiti professionali
berufl. Fähigkeiten
annuncio *m* Anzeige
in specifico
insbesondere
disporre di
verfügen über
titoli *m/pl*
hier: Fähigkeiten
affermare behaupten
ambiente *m*
Milieu, Gebiet, Sparte
collaudato bewährt
titolare *m* Inhaber
profumeria *f*
Parfümerie
avere alle proprie dipendenze
unter sich haben
sub-agente *m*
Untervertreter
commesso *m* **viaggiatore**
Handelsreisender

Dispongo altresì di ampi spazi di magazzinaggio che mi consentono di tenere a disposizione scorte sufficienti a soddisfare i bisogni dei miei numerosi clienti in qualsiasi momento.

Per informazioni potrete rivolgerVi alle suddette ditte, oppure alla Camera di Commercio di Mannheim, così come alla Stadtsparkasse Mannheim.

Mi auguro quindi di stabilire un durevole rapporto di lavoro con Voi e, nella fiducia che vorrete accordarmi, Vi prego inviarmi il Vs. materiale.

Vi ringrazio per la cortese attenzione e distintamente Vi saluto.

Gerhard Boteker
Handelsvertreter

altresì ferner
spazio *m* Raum, Platz
magazzinaggio *m*
  Lagerhaltung
scorta *f* Vorrat
suddetto
  oben genannt
Camera di Commercio Handelskammer
durevole dauerhaft
rapporto di lavoro
  Geschäftsverbindung
accordare
  gewähren, zugestehen

Berlin, 4 gennaio ....

Sig. Arnoldo ROSI
Viale della Repubblica, 32
I-40100 BOLOGNA / BO

oggetto: bozza di contratto per rappresentanza

Egregio Signor Rosi,

Con la presente, come da nostri accordi telefonici, abbiamo il piacere di comunicarLe che la Sua richiesta di affidarLe la rappresentanza per l'Italia settentrionale dei nostri prodotti è stata benevolmente esaminata.

Poiché intendiamo incrementare le vendite dei nostri prodotti, per la maggior parte ancora non presenti in queste regioni, siamo disposti a prendere in considerazione la Sua proposta alle seguenti condizioni:

a) contratto rinnovabile ogni 3 anni, con l'opzione che in caso di disaccordo potrà essere sciolto con preavviso di 2 mesi;
b) provvigione del 5 % sul prezzo di fattura, al netto di spese;
c) contributo spese: rimborso bimestrale delle spese postali e telefoniche; istallazione impianto ISDN a spese nostre;
d) invio a noi in duplice copia degli ordini ricevuti, controfirmati da noi e dal cliente;
e) invio mensile di un rendiconto con relazione sui bisogni dei clienti oltre alla situazione generale del mercato;
f) esclusiva di rappresentanza con la ns. Casa;
g) spese di traduzione dei cataloghi e dei listini prezzi per metà a Suo carico;

..../2

bozza *f* Entwurf
affidare anvertrauen, übertragen
settentrionale Nord-...
benevolmente wohlwollend
incrementare fördern, steigern
prendere in considerazione in Betracht ziehen
rinnovabile erneuerbar
opzione *f* Option
sciogliere lösen
preavviso *m* Kündigungsfrist
provvigione *f* Provision
al netto di spese spesenfrei
contributo *m* **spese** Kostenbeitrag
rimborso *m* Erstattung
bimestrale zweimonatig
controfirmare gegenzeichnen
rendiconto Rechenschaftsbericht
bisogno *m* Bedarf
esclusiva *f* **di rappresentanza** Alleinvertretung

h) a maggiorazione della provvigione di cui sopra è
previsto un premio di produzione sulle vendite,
che non potrà essere in nessun caso superiore
allo 0,5 %;
i) rimborso del 30 % del canone d'affitto di locale
da adibire a deposito.

Non appena in possesso della Sua accettazione,
Le faremo avere un contratto in duplice copia per
la sottoscrizione.

Con i migliori saluti.

Eberhard Kurz
Import-Export AG

maggiorazione *f*
Zulage
premio di produzione
Abschlussprämie
canone *m* **d'affitto**
Miete
adibire
verwenden, benutzen
deposito *m* Lager
non appena sobald
sottoscrizione
Unterzeichnung

Kassel, 2 gennaio ....

Sig. Aldo VALENTINI
Via XXIV Maggio, 8
I-35100 PADOVA / PD

Egregio Signore,

In riferimento al ns. colloquio del 15/11 a.s., ci duole confermarLe le ns. intenzioni accennate durante il ns. colloquio, trovandoci purtroppo costretti a sciogliere il ns. rapporto di lavoro e toglierLe la rappresentanza dei ns. prodotti per le regioni del Veneto e dell'Alto Adige.

Nonostante i ns. ripetuti consigli ed incoraggiamenti, Lei non è stato in grado di portare avanti questo lavoro con risultati almeno soddisfacenti. Oltretutto Le abbiamo offerto diverse occasioni per convincerci del contrario.
Riteniamo pertanto di non poterLe più mettere a disposizione il buon nome ed immagine della ns. azienda a partire dal 2 p.v..

La invitiamo pertanto a consegnare al ns. ufficio tutti i campioni, il materiale documentativo, ecc.

Abbiamo incaricato la Banca Commerciale di Padova di farLe pervenire la somma di € ...., a liquidazione delle Sue competenze, come da contratto. Voglia accusare ricevuta di detta somma.

Gradisca i nostri più distinti saluti.

K. Borgmann & Co.
Pharmazeutische Präparate

dolersi bedauern
accennare andeuten
sciogliere lösen
togliere entziehen
nonostante trotz
rapporto di lavoro Geschäftsbeziehung
ripetuto wiederholt
portare avanti vorantreiben, vorwärts bringen
oltretutto außerdem
convincere überzeugen
pertanto daher
immagine *f* Erscheinungsbild
consegnare aushändigen
materiale documentativo Prospektmaterial
incaricare beauftragen
liquidazione *f* Begleichung
competenze *f/pl* Honorar, Gebühren
accusare ricevuta *f* Empfang bestätigen

68 Auskunftsgesuch über einen Vertreter
Richiesta informazioni su un rappresentante

Berlin, 24 settembre ....

Spett.le
Associazione Orafi
Via M. D'Azeglio, 4
I-56048 Volterra / PI

Alla c.a. del Presidente

Egregio Presidente,

Scriviamo per chiederVi informazioni sul nominativo indicato nel foglio accluso, sicuri della Vostra correttezza e completezza nel soddisfare la nostra richiesta.

Detto nominativo probabilmente verrà in rapporti d'affari con noi, assumendo la nostra rappresentanza.

Come ben sapete, i ns. prodotti sono di manifattura e materiali pregiati, per cui è necessario per noi avere sicure informazioni non solo sulle capacità della persona, ma anche sulla sua serietà ed affidabilità.

Poiché ci rivolgiamo essenzialmente ad una fascia media alta di clientela, gradiremmo inoltre conoscere se ha buone relazioni, tali da permettere l'introduzione dei ns. articoli sul mercato.

Vi ringraziamo sin d'ora della Vostra cortese collaborazione, e ci mettiamo a Vostra disposizione per eventuali Vostre analoghe occorrenze.

Vogliate gradire i nostri più distinti saluti.

Hans Nolting – Goldschmied

chiedere informazioni
um Auskunft bitten
nominativo *m*
Name, Genannter
completezza
Gründlichkeit
assumere
erwerben
rappresentanza
Vertretung
pregiato hochwertig
per cui weshalb
serietà Seriosität
affidabilità
Vertrauenswürdigkeit,
Zuverlässigkeit
fascia *f* Klasse, Kreis
fascia media alta
gehobene Mittelklasse
sin d'ora
von jetzt an
occorrenza *f*
Bedarfsfall, Gelegenheit

➡ Brief 23

Würzburg, 07.06. ...

Spett.le
Direzione
Maglifici Riuniti M.I.V.
I-41012 CARPI / MO

oggetto: invio campionario primaverile

Gentili Signori,

Vi informo che a tutt'oggi non mi è stato consegnato il Vostro campionario per la prossima primavera.

Non riesco a comprendere come ciò sia potuto accadere in quanto quei campioni dovevano esserci pervenuti ormai da molto tempo, nonostante le conferme telefoniche ed i colloqui avuti con il Vostro responsabile, il Sig. Rossi, durante la mia visita in Italia.

Tali assicurazioni mi hanno procurato spiacevoli disagi con la mia clientela, invitata nel mio show-room a luglio; detti disagi sono dovuti esclusivamente alla Vs. mancanza di puntualità ed affidabilità.

Vogliate dunque tener presente che, nel caso il campionario non mi verrà consegnato entro 15 giorni, la nostra collaborazione sarà da considerarsi annullata.

Mi auguro di leggerVi immediatamente ed in attesa, porgo distinti saluti.

Hans Fischer
Handelsagent

maglificio *m*
Strickwarenfabrik
campionario *m*
Musterkollektion
a tutt'oggi bis heute
accadere geschehen
nonostante trotz
colloquio Gespräch
responsabile
zuständiger Mitarbeiter, Verantwortlicher
assicurazione *f*
Zusicherung
disagio *m*
Verlegenheit,
Schwierigkeit
show-room
Ausstellungsraum
affidabilità *f*
Zuverlässigkeit
tenere presente
sich vergegenwärtigen
entro innerhalb

Hamburg, 24 giugno ....

Spett.
Officine Meccaniche
F.LLI MARINI
Via Mare, 10–15
I-95100 CATANIA / CT

oggetto: invio estratto conto e richiesta di pagamento

A conferma della nostra telefonata del 22 corr.
Vi inviamo l'estratto conto al 31 maggio con preghiera di voler provvedere al suo pagamento così come di seguito indicato.

Confermiamo la nostra disponibilità a concederVi di effettuare questa operazione tramite due pagamenti parziali: una prima parte ammontante ad 1/3 dell'intero importo, intesa quale caparra da versare entro il 1° luglio c.a., mentre i rimanenti 2/3 da effettuare entro il 30 settembre c.a. a saldo della fattura.

Pertanto, a conferma degli accordi presi in precedenza, Vi invitiamo a versare le corrispondenti somme nei rispettivi controvalori in € .... sul ns. conto corrente presso la Deutsche Bank di Amburgo, oppure di avvalerVi del ns. c.c. n° .... presso la Banca Commerciale di Catania.

In attesa dei pagamenti, cogliamo l'occasione per porgerVi i nostri migliori saluti.

E. OTTO & L. RASCHE
Maschinenfabrik

EO/mv

estratto *m* **conto**
  Rechnungsauszug
a conferma
  in Bestätigung
provvedere
  sorgen für, nachkommen
di seguito
  nachfolgend
disponibilità
  Bereitschaft
pagamento *m* **parziale** Teilzahlung
ammontare
  betragen
caparra *f* Anzahlung
rimanente restlich
a saldo
  zum vollen Ausgleich
accordi presi
  getroffene Vereinbarungen
rispettivo
  entsprechend
pertanto
  daher, deshalb
controvalore *m*
  Gegenwert
avvalersi
  sich bedienen

Ulm, 5 febbraio ....

Spett.
F. ORLANDINI
Porcellane e Cristallerie
Piazza Venezia
I-30170 MESTRE / VE

Egregi Signori,

Siamo contrariati nel rilevare che a tutt'oggi non è ancora pervenuta la merce ordinataVi il 10 u.s.

Ci permettiamo di ricordarVi che, secondo quanto convenuto in precedenza, la consegna del carico doveva avvenire entro il 26 dello stesso mese di gennaio.

Non conosciamo le vere cause di questa mancata consegna e ci mette in serie difficoltà poiché questo improvviso inconveniente non ci consente di mantenere gli impegni già presi con i nostri clienti. Tutto ciò ci dispiace molto.

Speriamo che tale attesa non si prolunghi e che ritardi del genere in futuro non abbiano più a verificarsi.

Vogliate telefonarci o mandarci un e-mail con cortese urgenza! Favorite prendere nota che, se non ci comunicate nulla, saremo costretti a rivolgerci altrove per i ns. futuri bisogni.

Distinti saluti.

E. HENNEKING

contrariato
  verärgert
a tutt'oggi   bis heute
convenire
  vereinbaren
consegna
  Übergabe, Abliefe-
  rung
carico *m* Ladung
avvenire   erfolgen
inconveniente *m*
  Schwierigkeit
consentire di
  hier: erlauben,
  gestatten
impegno *m*
  Verpflichtung
attesa   Wartezeit
comunicare
  mitteilen
altrove   anderweitig
bisogno   Bedarf

Karlsruhe, 15 ottobre ....

Spett.
Industria Metalmeccanica
Ing. G. MERLI F.lli
Via D. Alighieri, 14
I-33170 PORDENONE / PN

Egregio Ingegnere,

In risposta alla Vostra lettera del 4 c.m., siamo lieti di poterVi fornire le informazioni che ci avete richiesto.

Dopo aver espletato accurate indagini, siamo in grado di affermare che la ditta in questione mantiene ottime relazioni con tutte le aziende con le quali trattiene rapporti d'affari, tra cui anche la nostra azienda.

I titolari assolvono puntualmente i loro impegni e sono persone capaci ed intraprendenti.

Riteniamo dunque che la ditta è degna della massima considerazione e gode di una solida posizione finanziaria. Ci risulta inoltre che possiede un notevole giro d'affari.

Ci affidiamo naturalmente alla Vostra riservatezza su quanto comunicatoVi e, augurandoci di esserVi stati utili, distintamente salutiamo.

W. Hardemann AG

1 all.

---

metalmeccanico
Metall- und Maschinenbau-...
espletare
durchführen
indagine *f*
Nachforschung
affermare
zusichern, behaupten
mantenere
unterhalten
rapporto *m* **d'affari**
Geschäftsverbindung
titolare   Inhaber
assolvere un impegno
einer Verpflichtung nachkommen
intraprendente
unternehmerisch
godere   genießen
inoltre
darüber hinaus
giro d'affari   Umsatz
riservatezza
Zurückhaltung, Diskretion

Eröffnung neuer Geschäftsräume
Invito all'inaugurazione di nuovi locali

Friedrichshafen, 6 novembre ....

Ai nostri
Sigg. Agenti e Rappresentanti
LORO RISPETTIVE SEDI

oggetto: lettera circolare n° 24

Vi preghiamo di voler prendere nota che, in seguito al notevole incremento dei nostri affari, abbiamo deciso di trasformare la ns. Azienda in una società a responsabilità limitata, operante sotto la ragione sociale «.... s.r.l.».

Saremo così in grado di ampliare la gamma dei ns. prodotti e di soddisfare al meglio le esigenze sia degli attuali clienti che di quelli futuri.

Abbiamo deciso così di trasferire la sede dell' azienda dal 1° p.v. al seguente indirizzo ...., dove locali più ampi e nuovi incontreranno meglio le ns. necessità.

Inoltre siamo lieti di comunicarVi che dalla stessa data entrerà a far parte della Società, come socio, il Signor ...., che già da molti anni ricopre posti di responsabilità all'interno della ns. struttura.

Cogliamo l'occasione per ringraziarVi della Vs. preziosa collaborazione e, sicuri che parteciperete costruttivamente alla gestione della ns. azienda, sempre tesa a migliorare ed incrementare i rapporti non solo con la clientela ma anche con il personale tutto, Vi invitiamo a partecipare all'inaugurazione dei nuovi locali alle ore 11 del 1° p.v.

In tale attesa, vogliate gradire i nostri migliori saluti.

Gustav Sendler GmbH

---

lettera circolare
  Rundschreiben
notevole beachtlich
incremento *m*
  Zuwachs, Steigerung
azienda Firma
trasformare
  umwandeln
società a responsabilità limitata GmbH
ragione sociale
  Firmenname
ampliare erweitern
gamma Palette
esigenza Anspruch
trasferire verlegen
sede *f*
  Sitz, Niederlassung
locale *m*
  Räumlichkeit
inoltre
  darüber hinaus
socio *m*
  Gesellschafter
ricoprire bekleiden
gestione Leitung
teso a gerichtet auf
inaugurazione *f*
  Einweihung

74 Wareneingangsbestätigung
Conferma ricevimento merce

München, 25 marzo ....

Spett.le
COLOR S.p.A.
Colorificio
Via S. Vito, 105
I-36078 VALDAGNO / VI

oggetto: ricevimento fattura

Vi ringraziamo per la Vs. lettera del 12 marzo c.a.
contenente la fattura n° 1627 in triplice copia insieme ad una copia della bolla di consegna, entrambe riferite alla merce ordinataVi, e come da noi
richiesto.

Siamo lieti di informarVi che abbiamo apprezzato
l'accurata esecuzione del ns. ordine; le merci,
infatti, sono arrivate in ottime condizioni.

A seguito dei ns. accordi, abbiamo provveduto al
pagamento della Vs. fattura a mezzo SWIFT.
Alleghiamo alla presente copia del modulo della
richiesta di suddetto pagamento, debitamente
compilato ed inviato alla ns. banca. Detto istituto
provvederà ad aprire una lettera di credito irrevocabile a Vs. favore, presso la sua banca di corrispondenza.

Vi ringraziamo per la Vs. collaborazione e cordialmente salutiamo.

H. REUTEMANN AG
Industriechemie

colorificio *m*
Farbenfabrik
triplice dreifach
bolla di consegna
Lieferschein
entrambe beide
accordo
Vereinbarung
provvedere a
sorgen für
SWIFT
(vollautomatisches
Verfahren für Aus-
landsüberweisungen
mittels Korrespon-
denzbanken)
modulo Formular
debitamente
ordnungsgemäß
compilare ausfüllen
lettera di credito
Kreditbrief
irrevocabile
unwiderruflich
banca di correspon-
denza
Partnerbank

Bochum, 4 agosto ....

Spett.
Consorzio Agrario
Piazza Municipio
I-33100 UDINE / UD

Abbiamo il piacere di confermarVi che sono stati spediti, in data odierna, una serie di campioni dei nostri prodotti, come stabilito telefonicamente il 31/7.

I campioni sono stati affidati al Corriere ...., che ci ha assicurato che dovrebbero raggiungere il Vs. stabilimento non oltre il 10 agosto.

Con la presente cogliamo l'occasione di illustrarVi in breve le principali caratteristiche dei prodotti:

a) perfosfati minerali (ricchi di potassio e calcio) neutralizzano l'acidità dei succhi cellulari;
b) fosfato biammonico (ricco di azoto e fosforo) viene facilmente assimiliato dagli organismi vegetali;
c) calciocianammide (ricco di carburo di calcio e azoto), fertilizzante ad azione lenta.

Siamo certi che dall'analisi di questi campioni, constaterete che i ns. prodotti risultano idonei a soddisfare tutte le esigenze della Vs. clientela, e pertanto siamo fiduciosi di ricevere i Vs. ordini ai quali dedicheremo sempre la nostra immediata attenzione.

Successivamente, dopo che avrete apprezzato i ns. prodotti, Vi invieremo i cataloghi con il relativo listino prezzi.

Frattanto, gradite i nostri migliori saluti.

C. BRUCKNER
Chemische Industrie

---

odierno heutig
stabilire beschließen
affidare anvertrauen
corriere Frachtführer, Kurier, Spediteur
stabilimento Werk, Fabrik
cogliere l'occasione die Gelegenheit ergreifen
perfosfato m Superphosphat
potassio m Kalium
calcio m Kalzium
acidità f Säure
succo m **cellulare** Zellsaft
ammonico ammoniakhaltig
azoto m Stickstoff
carburo m Karbid
fertilizzante m Düngemittel
analisi f Analyse
idoneo geeignet
esigenza f Anspruch
fiducioso zuversichtlich
dedicare widmen, zuwenden
relativo entsprechend
listino prezzi Preisliste

Bremen, 7 agosto ....

Spett.
POLI Spedizioni S.r.l.
Via dell'Armonia, 2
I-57100 LIVORNO / LI

oggetto: accettazione offerta trasporto merce

Egregi Signori,

Abbiamo esaminato la Vs. offerta e abbiamo deciso di affidarVi il disbrigo dei ns. trasporti marittimi.

Vi preghiamo, pertanto, di prelevare la seguente merce, di immagazzinarla e di provvedere immediatamente alla sua spedizione con la nave «GLORY» che salperà dal porto di Livorno il giorno 1° p.v. ed approderà a Brema:

– 15 blocchi di marmo bianco e venato di Carrara, partita MC 96/15
– 7 blocchi di travertino di Rapolano, partita AT 345/26
– peso complessivo t 170.

Teniamo a precisare che il marmo sarà trasportato fino al Vostro magazzino dalla ditta stessa e, quindi, il Vostro compito sarà esclusivamente quello di provvedere all'imballaggio adatto, al trasporto via mare ed alla sostituzione delle marche.

Inoltre sarà Vostra cura procurare tutti i documenti necessari, quali: dichiarazione di esportazione, polizza di carico (in duplice copia) e certificato di assicurazione (in triplice copia).

affidare anvertrauen
disbrigo Abwicklung
prelevare abholen
immagazzinare einlagern
provvedere a sorgen für
salpare ablegen, abfahren
approdare anlegen
marmo *m* Marmor
venato geädert
partita *f* Posten
peso *m* **complessivo** Gesamtgewicht
compito Aufgabe
adatto geeignet
sostituzione delle marche Ummarkierung
dichiarazione *f* **di esportazione** Ausfuhrerklärung
polizza *f* **di carico** Konnossement
certificato *m* **di assicurazione** Versicherungsschein

.../2

Vi saremmo grati se, ad imbarco avvenuto, ci inviaste tutti i documenti riguardanti la spedizione che sarà FAS Brema.

Tutte le altre spese saranno a carico nostro.

Ringraziando per la Vostra preziosa collaborazione, Vi preghiamo di gradire i nostri migliori saluti.

Henryk Jansen AG

imbarco *m*
  Verladung
avvenire   erfolgen
a carico   zulasten

Wien, 16 luglio ....

Spett.
Lanzi & Nanni S.r.l.
Società Autotrasporti
Viale Manzoni, 125
I-42100 REGGIO EMILIA / RE

oggetto: richiesta di un contratto trasporto merce

Il 25 p.v. avremo pronta una partita delle seguenti merci, da trasportare da Parma a Vienna:

pasta alimentare, scatolame vario, parmigiano reggiano ed altri formaggi per un peso totale di ca. 120 quintali.

La merce dovrà essere prelevata dalle Ditte A. Lana e C. Piova di Parma e scaricata nel ns. magazzino.

Come vettore, sarà a Vostro totale debito il caricamento e scaricamento delle merci, così come sarà Vostra la totale responsabilità del trasporto.

Se Vi è possibile percorrere questo itinerario, favorite comunicarci le Vostre migliori tariffe sia per spedizioni regolari che per spedizioni a collettame. Inoltre, vorremmo sapere se effettuate anche trasporti a grande velocità. Vogliate tenere presente che, se saranno di ns. gradimento, saremo lieti di stipulare dei contratti per tutti i trasporti che interessano la ns. società, compresi anche quelli su altri percorsi.

Distinti saluti.

Gebr. Neudegger

partita f Posten
scatolame m **vario**
verschiedene Konserven
parmigiano m **reggiano** Parmesan
(aus Reggio Emilia)
prelevare abholen
scaricare ausladen
vettore m
Transportunternehmer, Frachtführer
caricamento m
Verladung, Aufladen
itinerario m Strecke
spedizione f **regolare**
Normalgut
spedizione a collettame Sammelgut
trasporto a grande velocità Eilfracht
tenere presente
sich vergegenwärtigen
stipulare
abschließen
percorso m
Fahrt, Strecke

Klagenfurt, 4 marzo ....

Spett.le
Maglifici Riuniti M.I.V.
Via Carmine, 100
I-41012 CARPI / MO

Siamo a conoscenza delle Vostre necessità di effettuare spesso spedizioni di maglieria e filati, destinate all'Austria ed alla Germania, pertanto ci permettiamo di rivolgerci a Voi con la seguente proposta.

La ns. è una Società di autotrasporti internazionali operante in tutta Europa; i ns. autotreni percorrono quasi giornalmente l'itinerario dall'Austria a Bologna ed ai centri maggiori dell'Italia centrale.

Molte volte, però, accade che al ritorno i ns. auto-treni rimangano del tutto scarichi. Pertanto, vor-remmo offrirVi i ns. servizi di trasporto, al fine di utilizzare al meglio le possibilità di carico.

Le spese di noleggio, in questo caso, sarebbero altamente concorrenziali (€ .../al quintale, appena la metà di un noleggio normale), trattandosi di un viaggio che dovremmo comunque effettuare.

Naturalmente saremmo anche ben disposti a met-tere a Vostra disposizione i ns. servizi per qualsiasi altra occorrenza.

Ci auguriamo quindi che la ns. offerta incontri il Vs. interesse, e in attesa di un Vs. riscontro, Vi inviamo i nostri migliori saluti.

R. Vollbaum & Sohn – TIR

maglificio *m* Strickwarenfabrik
maglieria *f* Strickware
filato *m* Garn
società di autotra-sporti Transportgesellschaft
autotreno Lkw, Lastzug
scarico leer, unbeladen
spesa di noleggio Frachtkosten
altamente in hohem Maß
quintale *m* Doppelzentner
noleggio *m* Fracht
comunque ohnehin, in jedem Fall
effettuare tätigen, durchführen
ben disposto gern bereit
occorrenza Bedarfsfall, Gelegen-heit

Cuxhaven, 1° luglio ....

Spett.
MARIMAR S.r.l.
Export – Import
Viale Belfiore, 15
I-80100 NAPOLI / NA

oggetto: invio copia contratto di noleggio

Egregi Signori,

Riferendoci alla Vostra lettera del 25 u.s. ed alla ns. conversazione telefonica odierna, siamo lieti di apprendere che avete deciso di affidarci l'incarico delle spedizioni alle condizioni stabilite con la ns. offerta del 18 u.s.

In qualità di proprietari della nave – come già anticipatoVi telefonicamente – siamo in grado di stipulare dei contratti a condizioni molto convenienti per i noleggiatori.

Questi contratti saranno stipulati per un noleggio a viaggio, includendo fra l'altro le stallie e le eventuali controstallie.

La nave che effettuerà la Vs. spedizione sarà la «TRITON» che partirà da Brema il giorno 15 p.v., e trattandosi di spedizioni di merce a collettame, sosterà a Le Havre, Bordeaux, Lisbona ed arriverà infine a Napoli.

Allegato alla presente, Vi inviamo un contratto in quadruplice copia, da noi regolarmente firmato, con preghiera di controfirmarlo, rimandandoci una copia.

contratto di noleggio
Charterpartie
affidare
anvertrauen, übertragen
incarico m Auftrag
stabilire festlegen
stipulare
(ab)schließen
conveniente
günstig
noleggiatore m
Verfrachter
noleggio a viaggio
Beifracht, Beiladung
stallia f Liegezeit, Löschzeit, Liegegeld
controstallia f
Überliegezeit, -geld
effettuare ausführen
merce a collettame
Sammelgut
quadruplice
vierfach
controfirmare
gegenzeichnen

.../2

Per quanto riguarda il prelievo della merce, Vi preghiamo di metterVi direttamente in contatto con lo spedizioniere, in quanto responsabile della redazione di tutti i documenti necessari come la copertura assicurativa, il certificato di origine, la polizza di carico, ecc.

Ad imbarco avvenuto, Vi daremo immediato avviso e nell'eventualità di ritardo, Ve ne daremo tempestivamente notizia.

RingraziandoVi per aver accettato la nostra offerta, rimaniamo a Vostra completa disposizione per ogni ulteriore chiarimento.

Distinti saluti.

W. Brunner
Schifffahrtsgesellschaft

prelievo Entnahme
spedizioniere
  Spediteur
redazione
  Abfassung
**copertura assicura-
tiva**
  Versicherungsschutz
certificato di origine
  Ursprungszeugnis
polizza di carico
  Konnossement
imbarco *m*
  Verladung
avvenire erfolgen
tempestivamente
  rechtzeitig
ulteriore weitere(r)
chiarimento *m*
  Erklärung

80 Einforderung von Frachtrabatt
Richiesta di sconto per spese di trasporto

Wien, 13 settembre ....

Spett.le
LANZI & NANNI
Società Autotrasporti S.r.l.
Viale Manzoni, 125
I-42100 REGGIO EMILIA / RE

oggetto: danneggiamento di merce

Ci riferiamo al contratto di trasporto N° .... del
19 agosto c.a., con il quale Vi abbiamo commissio-
nato la spedizione delle ns. merci.

Nonostante il Vs. preavviso con il quale ci assicuravate l'arrivo della merce per il 5 c.m., soltanto in
data odierna siamo pervenuti in possesso della
stessa.

Ci rincresce doverVi informare che da una verifica
preliminare, gli articoli contenuti nella cassa n° 15
risultano frantumati.

Quindi, dopo aver sottoposto la merce ad un accurato esame e conferito con la Ditta produttrice,
riteniamo che la responsabilità sia da attribuire in
buona parte al Vs. personale addetto all'imballaggio, in quanto non ha usato la stessa scrupolosità
con la quale ha provveduto all'imballaggio delle
altre casse che risultano totalmente integre.

E' comunque doveroso ammettere che buona parte
di responsabilità del danno arrecato sia comunque
da imputare al caricamento e scaricamento, in
quanto le casse appaiono notevolmente danneggiate anche esternamente.

.../2

danneggiamento *m*
  Beschädigung
contratto di trasporto
  Frachtvertrag
commissionare
  bestellen
verifica *f* **preliminare** vorläufige
  Untersuchung
frantumare
  zersplittern
conferire
  besprechen
ritenere meinen
attribuire
  zuschreiben
in buona parte
  weitgehend
addetto zugeteilt
imballaggio *m*
  Verpackung
scrupolosità
  Sorgfalt
integro unversehrt
essere doveroso
  Pflicht sein
arrecare
  verursachen
imputare
  zuschreiben
caricamento
  Beladen
apparire den
  Anschein erwecken
esternamente
  von außen

Poiché questa mancanza di diligenza ci ha causato un notevole danno e, ricordandoVi inoltre le condizioni generali del ns. contratto in base alle quali siete responsabili di ogni possibile danno, Vi invitiamo a praticarci uno sconto del .... % sulle spese del trasporto.

Tale somma sarà portata in detrazione del Vs. credito.

Vogliate riscontrare questa nostra proposta a stretto giro di posta.

Distinti saluti.

Paul Hofegger & Sohn

diligenza *f*
  Fleiß, Sorgfalt
notevole beträchtlich
inoltre
  darüber hinaus
praticare gewähren
portare in detrazione
  in Abzug bringen
credito Guthaben
riscontrare
  (Empfang) bestätigen
a stretto giro di posta
  postwendend

all.: elenco con documentazione fotografica della merce e delle casse danneggiate

➡ Brief 15

Prato, 26 aprile ....

Spett.le
Kunststoffwerke AG
Hirschstraße 33
D-76228 Karlsruhe

Riscontriamo la pregiata Vostra del 14 c.m., con la quale ci avete fatto pervenire la conferma dell'ordinazione e la fattura proforma.

Vi ringraziamo per la tempestività che ci ha consentito di provvedere allo sdoganamento delle 30 balle di fibra artificiale e sintetica.

AssicurandoVi che sarebbe stato comunque sufficiente uno dei due documenti, cogliamo l'occasione per complimentarci per il notevole risultato che avete saputo ottenere, realizzando questo tessuto composto da rayon viscosa (tipo acetato) con fibre sintetiche a struttura polimera. Davvero sorprendente!

Altrettanto merito dobbiamo riconoscerVi per l'abbinamento di pura lana vergine e fiocco nella proporzione di 75–25 %, con follatura.

I ns. clienti sono rimasti piacevolmente sorpresi da questi tessuti così resistenti e morbidi nello stesso tempo.

Ci auguriamo quindi che continuiate a proporci le Vs. novità e, cordialmente Vi salutiamo.

V. LENZI & F.lli
Ind. Tessile

conferma d'ordine f
  Auftragsbestätigung
fattura proforma
  Proforma-Rechnung
tempestività
  Rechtzeitigkeit
sdoganamento
  Verzollung, Zollabfertigung
fibra f **artificiale**
  Kunstfaser
complimentare
  beglückwünschen
notevole
  bemerkenswert
tessuto
  Stoff, Gewebe
sorprendente
  erstaunlich
abbinamento m
  Verbindung, Paarung
pura lana f **vergine**
  reine Schurwolle
fiocco m
  Faserbüschel
follatura f Walken
morbido weich

Bern, 3 agosto ....

Spett.le
CONSORZIO AGRARIO
Mercati Generali
I-83100 AVELLINO / AV

Rileviamo, con sommo disappunto, che tutte le ns. raccomandazioni e telefonate degli ultimi giorni non sono state molto considerate. La merce, spedita in conto deposito, ci è pervenuta soltanto oggi, sebbene il Vs. addetto ci avesse assicurato che la spedizione sarebbe stata effettuata entro il 15 u.s.

Trattandosi di prodotti che tanto avevamo aspettato, dovevamo tra l'altro constatare che nel frattempo cominciavano ad affluire sul ns. mercato quantità enormi di ortaggi di qualità eccezionale.

Già in precedenti occasioni avevamo richiamato la Vs. attenzione sulla concorrenza non indifferente, ma a causa di questo spiacevolissimo ritardo, la situazione si è ulteriormente aggravata e ci sembra necessaria una diminuzione generale dei prezzi almeno del 5 %. Non possiamo permetterci ulteriori perdite né di denaro né di immagine, e pertanto Vi preghiamo vivamente di autorizzarci – a stretto giro di posta – a praticare lo sconto richiesto.

A vendita effettuata, invieremo – come di consueto – il nostro rendiconto e conteggio.

Fiduciosi di un riscontro positivo ed immediato, distintamente Vi salutiamo.

E. Seiler & A. Bahren
Import-Export

sommo höchst
disappunto *m*
  Missfallen
in conto deposito
  auf Konsignations-
  basis, in Kommission
addetto zuständiger
  Angestellter
entro bis, innerhalb
affluire sul mercato
  auf den Markt kom-
  men, ihn überfluten
ortaggio *m* Gemüse
aggravarsi
  sich verschlechtern
diminuzione generale
  allgemeine (Preis-)
  Senkung
ulteriori perdite *f/pl*
  weitere Verluste
immagine *f*
  Erscheinungsbild
a stretto giro di posta
  postwendend
rendiconto
  Rechenschaftsbericht
conteggio *m*
  Abrechnung

119

83 Absatz von Konsignationsware
Collocamento di merce in conto deposito

Nürnberg, 17 agosto ....

Spett.le
CONSORZIO AGRARIO
Via R. Sanzio, 4
I-71100 FOGGIA / FO

Siamo lieti di poterVi comunicare che tutta la merce inviataci è stata collocata sul mercato locale. Dobbiamo però farVi rilevare che, a causa dello sciopero ferroviario, delle alte temperature e dell'inadeguato accatastamento nei vagoni ferroviari, le 400 casse di pesche ed albicocche non sono arrivate in perfetto stato.

Pertanto non abbiamo potuto realizzare questa vendita in conto deposito con gli abituali margini di guadagno, bensì siamo stati costretti a ritoccare del 13 % il prezzo pattuito ed evidenziato sulla Vs. fattura proforma.

Vi assicuriamo di aver fatto tutto il possibile ricorrendo, infine, all'asta pubblica, in modo tale che le perdite sono state inaspettatamente contenute.

Vogliate allora confermare gentilmente questo nuovo prezzo nella fattura definitiva, indicando l'entità della ns. provvigione di vendita. Da parte ns. provvederemo all'invio del conteggio esatto che effettueremo con posta separata. Per quanto riguarda il pagamento, abbiamo dato istruzione alla nostra banca di versarVi l'equivalente della Vostra fattura.

Augurandoci di leggerVi a stretto giro di posta, cordialmente Vi salutiamo.

B. Schüren & F. Krause

consorzio *m* **agrario** landwirtschaftliche Genossenschaft
collocare absetzen
locale hiesig
inadeguato unsachgemäß
accatastamento *m* Stapelung
in conto deposito auf Konsignationsbasis, in Kommission
margine *m* **di guadagno** Gewinnspanne
bensì wohl aber, jedoch
ritoccare nachbessern
pattuito vereinbart
evidenziare hervorheben
asta *f* **pubblica** öffentliche Versteigerung
contenuto eingeschränkt
entità *f* Umfang, Höhe
provvigione di vendita Verkaufsprovision
conteggio Abrechnung
versare überweisen

Bremen, 8 gennaio ....

Spett. Compagnia
Assicurazioni Generali
Piazza Donatello, 8
I-70100 BARI / BA

La nostra è una Società di import-export con un consistente giro d'affari. Trattiamo, nella zona del Mediterraneo, essenzialmente prodotti alimentari quali marmellate e confetture, sciroppi, sottoli e sottaceti, tutti confezionati in barattoli di vetro o latta.

Desidereremmo conoscere quali tipi di assicurazione ci potreste proporre.

I rischi che comunque dovremmo coprire comprendono rottura e colaggio, senza franchigia. Inoltre vorremmo includere i rischi di cattivo stivaggio e di calore.

Saremmo interessati ad una polizza flottante, cioè di abbonamento, in modo tale da comunicarVi soltanto di volta in volta le ns. spedizioni ed importazioni. Gradiremmo avere anche qualche informazione su polizze combinate e su polizze a conto corrente. La copertura della polizza dovrebbe valere dal porto di Brema da e per tutti i paesi che si affacciano sul Mar Mediterraneo.

Vi saremmo grati di una sollecita risposta e, in attesa di Vostre comunicazioni, distintamente Vi salutiamo.

Weinberg & Co.
Export – Import

consistente
  umfangreich
sciroppo *m*
  Sirup, Saft
sottolio *m*
  in Öl Eingelegtes
sottaceto *m*
  in Essig Eingelegtes
confezionare
  ab-, verpacken
barattolo *m* **di vetro**
  Glasgefäß
latta *f* Blech
rottura *f* Bruch
colaggio *m* Auslaufen
franchigia *f*
  Franchise
stivaggio   Verstauen
polizza flottante
  laufende Police
polizza *f* **combinata**
  Sammelversicherung
polizza a conto corrente
  Abschreibepolice
affacciarsi
  liegen, angrenzen
sollecito   umgehend

Einforderung des Versicherungsschadens
Richiesta di rimborso del danno assicurato

Lübeck, 7 marzo ....

Spett.le Compagnia
Assicurazioni Internazionali
Piazza C. Colombo, 5
I-16100 GENOVA / GE

Il 25 u.s. abbiamo spedito con la nave TIRRENIO diverse merci (vedi foglio di carico allegato), caricate nel porto di Messina. La partita è giunta in data di ieri molto danneggiata.

Dopo i dovuti accertamenti è apparso abbastanza chiaro che tutto il danno è stato procurato dal forte calore causato da un principio di incendio ed anche dal pessimo stivaggio.

Dall'indagine effettuata risulta una perdita del 30 % circa della merce.

Avendo stipulato la polizza di assicurazione n° 462 /M con la Vs. Società in data 25 u.s., Vi invitiamo a volerci rimborsare la somma di € .... per il danno subito.

Naturalmente la merce danneggiata rimane a Vs. disposizione per ogni ulteriore esame.

Alleghiamo un dettagliato elenco insieme agli altri documenti:

– fotocopia della polizza 462/M
– fotocopia della polizza di carico
– polizza di carico della Compagnia di Navigazione di Messina
– certificato di avaria.

Vi saremmo grati di una sollecita risposta e, in tale attesa, distintamente Vi salutiamo.

ALIGROS
Frucht- und Konserven-Import GmbH

4 allegati

foglio *m* **di carico**
Ladeschein
partita Posten
danneggiato
beschädigt
accertamento
Nachforschung
apparire erscheinen
procurare
verursachen
principio Beginn
stivaggio Verstauung
indagine *f*
Untersuchung, Nach-
forschung
stipulare
abschließen
**polizza di assicura-
zione**
Versicherungspolice
subire erleiden
elenco
Liste, Verzeichnis
polizza *f* **di carico**
Konnossement
certificato di avaria
Havariezertifikat

FILIPPO ROSSETTI s.r.l.   **53100 SIENA**
vini e Ceramiche

Via Firenze, 14   C. Fis.RSS FPP 50D 10G 30BL
Tel. 0577234567   P. IVA 71904935094
Fax 0577334566   C.C.I.A.A. N. 6794

Siena, 19 luglio ....

Spett. Compagnia
ASSICURAZIONI GENERALI
Piazza Cesarea, 12
80135 NAPOLI / NA

oggetto: polizza assicurativa N° .../...

Durante quest'ultima settimana abbiamo spedito con la nave «OMERO» le seguenti merci:

– 130 casse di terraglie e ceramiche pregiate
– 150 casse di vino «Chianti» e «Chiaretto».

Le merci sono state caricate nel porto di Napoli con destinazione Amburgo.

Durante la navigazione, in prossimità dello stretto di Gibilterra, la nave è entrata in avaria a causa di un terribile fortunale che, come saprete, continua a flagellare il bacino meridionale del Mediterraneo. Pertanto la nave si trova tuttora alla deriva ed è difficile soccorrerla.

La Compagnia di Navigazione «Mediterranea» ci ha subito invitati a firmare un compromesso d'avaria comune.

polizza *f* **assicurativa**
Versicherungspolice
cassa *f* Kiste
terraglie *f/pl*
Tonwaren
ceramica *f* Keramik
pregiato   hochwertig
caricare
verladen, löschen
stretto   Meerenge
entrare in avaria
in Seenot geraten
fortunale *m* Sturm
flagellare   peitschen
bacino
Becken, Gebiet
alla deriva   treibend
soccorrere
Hilfe leisten
compagnia di naviga-
zione   Reederei
compromesso d'ava-
ria   Havarivever-
pflichtungsschein

...../2

123

Poiché la merce è stata assicurata con la Vs. Compagnia, Vi preghiamo di volerci comunicare telefonicamente o per fax la Vostra posizione ed il Vostro assenso alla loro richiesta.

Alleghiamo alla presente la fotocopia di questo compromesso, trasmessoci dalla Compagnia di Navigazione, trattenendoci l'originale che dovrà essere eventualmente firmato oppure esibito, se la merce risulterà danneggiata o malauguratamente distrutta.

Nel contempo, ci siamo anche rivolti al liquidatore d'avaria, in modo tale che possa rilasciare un certificato d'avaria appena possibile.

Grati per la cortese attenzione e fiduciosi che vorrete immediatamente fornirci le notizie richieste, distintamente Vi salutiamo.

FILIPPO ROSSETTI srl

allegati

assenso
Zustimmung
esibire vorlegen
malauguratamente
unglücklicherweise
rivolgersi a
sich wenden an
liquidatore d'avaria
Havarieagent
certificato d'avaria
Havariezertifikat
appena possibile
so bald wie möglich

Rückvergütungsantrag für Havariegroße-Einschuß
Richiesta rimborso contributo per avaria comune

Hamburg, 25 luglio ....

Spett. Compagnia
ASSICURAZIONI GENERALI
Piazza Cesarea, 12
I-80135 NAPOLI / NA

Riscontriamo la pregiata Vostra del 23 corr. con
la quale ci davate tutti i chiarimenti richiestoVi.

Nel ringraziarVi di aver acconsentito alla firma del
compromesso d'avaria comune, Vi assicuriamo di
essere perfettamente a conoscenza dei lunghi termini occorrenti per stabilire il regolamento d'avaria
comune.

Subito dopo l'invio del suddetto compromesso –
da noi debitamente firmato – abbiamo ricevuto
dalla Compagnia di Navigazione «Mediterranea»
la richiesta di un versamento anticipato di € ....
come contributo d'avaria.

Accludiamo ricevuta del pagamento avvenuto con
preghiera di voler provvedere al rimborso del suddetto anticipo.

Vi informiamo che, per tutte le ns. operazioni finan-
ziarie in Italia, ci appoggiamo alla Banca Commerciale Italiana, Agenzia di Napoli.

In attesa di Vostro riscontro, Vi ringraziamo per
l'attenzione e, distintamente Vi salutiamo.

U. WITTE & KAUFHOLD

All.: ricevuta pagamento Lit . ...

chiarimento
Erklärung, Erläute-
rung
**compromesso d'ava-
ria comune**
Havariegroße-Ver-
pflichtungsschein
essere a conoscenza
unterrichtet sein
occorrente
erforderlich
regolamento d'avaria
Havarieregelung
versamento *m*
Überweisung
contributo *m* Beitrag
rimborso
Rückerstattung
anticipo Vorschuss
**operazione finan-
ziaria**
Finanzgeschäft
ricevuta *f* **di pagamento** Quittung

Wilhelmshaven, 7 gennaio ....

Spett.le
PANZANI & AQUILA
Cooperativa Ortofrutticola
Piazza Mercato
I-95100 CATANIA / CT

oggetto: invio estratto conto

Ci è pervenuta la Vostra del 20 dicembre u.s. per la quale Vi ringraziamo, assicurandoVi il ns. continuo interesse per la Vs. produzione. Tuttavia abbiamo dovuto constatare da un esame dei ns. libri contabili che siamo Vs. creditori di € .... Alleghiamo alla presente il Vs. estratto conto chiuso al 31 dicembre u.s.

Vogliate esaminarlo con cortese sollecitudine, confermandoci le nostre registrazioni. Vi saremmo grati, pertanto, se vorreste cortesemente spedirci un assegno oppure effettuare un bonifico bancario presso la Deutsche Bank della nostra città.

Inoltre, ci permettiamo di richiamare la Vs. attenzione su quest'altra forma di pagamento, molto rapida e ormai da noi sperimentata con successo con altri nostri clienti e cioè lo «swift».

Sicuri di un Vostro positivo riscontro in merito, Vi salutiamo cordialmente.

Otto Beckmann & Richard Betz

2 all.

---

ortofrutticolo, -a
Obst- und
Gemüse-...
estratto *m* **conto**
Rechnungsauszug
tuttavia dennoch
libri contabili
Rechnungsbücher
creditore *m*
Gläubiger
con cortese sollecitudine
bitte umgehend
registrazione
Eintragung, Buchung
bonifico bancario
Banküberweisung,
Bankgutschrift
sperimentare
erproben
SWIFT
(vollautomatisches Verfahren, mit dem Auslandsüberweisungen über Korrespondenzbanken abgewickelt werden)

Colonia, 10 ottobre ....

Spett.le
Cassa di Risparmio di Firenze
Agenzia 13
Piazza Porta al Prato
I-50100 FIRENZE / FI

Egregi Signori,

Ci rivolgiamo a Voi pregandoVi di riconfermarci le Vs. condizioni riguardanti l'apertura di un credito oppure di comunicarci eventuali variazioni in proposito.

Abbiamo sottoscritto una serie di contratti con la Ditta .... e, pertanto, Vi chiediamo di aprire un credito irrevocabile e confermato a favore della suddetta ditta per l'importo di € ....

Tale credito dovrà decorrere dal 1° novembre c.a. ed avere validità fino al 31 marzo dell'anno prossimo, per cui è pagabile suddiviso in 5 mensilità.

Gli importi delle varie fatture saranno, pertanto, pagate a ns. debito contro presentazione dei seguenti documenti:

– polizza di carico
– copia della fattura commerciale
– polizza di assicurazione
– certificato d'origine

In attesa di Vs. notizie, cogliamo l'occasione per porgere distinti saluti.

M. Krone
Datenverarbeitungsgeräte

in proposito diesbezüglich, in diesem Zusammenhang
irrevocabile unwiderruflich
a favore di zugunsten
decorrere laufen
pagabile zahlbar
suddiviso unterteilt
mensilità *f* Monatsrate
importo *m* Betrag
presentazione *f* Vorlage
polizza *f* **di carico** Konnossement
polizza *f* **di assicurazione** Versicherungspolice
certificato *m* **d'origine** Ursprungszeugnis

Hannover, 15 novembre ....

Spett.le
Banca Nazionale del Lavoro
Succursale n° 3
I-27100 PAVIA / PV

oggetto: tratta sprovvista di girata

Accusiamo ricevuta della pregiata Vs. dell'8 u.s. con la quale ci presentate, per la sua accettazione, una tratta a 60 giorni vista dell'importo di € ....

Detta tratta spiccata sulla Ditta .... risulta priva di girata.

Siamo spiacenti di doverVi restituire, a causa di questa svista, la suddetta tratta, assicurandoVi che sarà comunque onorata alla scadenza, non appena saremo in possesso della stessa debitamente girata.

Come ns. consuetudine, addebiteremo, dopo l'effettuata accettazione della tratta, il Vs. conto corrente n° ...., trattenendo per la ns. operazione la dovuta provvigione.

In attesa di ricevere al più presto Vs. notizie, rimaniamo alla Vs. cortese disposizione.

Cordiali saluti.

Allgemeine Kreditbank AG

allegati: n° 6

tratta *f* Wechsel
sprovvisto di
 ohne, nicht versehen mit
girata *f*
 Indossament, Giro
accettazione
 Annahme, Akzept
a ... giorni vista
 nach ... Tagen Sicht
spiccare
 (Wechsel) ziehen
privo di ohne
svista Versehen
onorare
 bezahlen, honorieren
scadenza Fälligkeit
non appena sobald
girare
 girieren, indossieren
addebitare belasten
conto corrente
 Girokonto
trattenere
 abziehen, einbehalten
provvigione *f*
 Provision

Empfangsanzeige der Verladedokumente
Avviso di ricevimento dei documenti di carico

Pavia, 27 novembre ....

Spett. Direzione
Allgemeine Kreditbank
D-30169 HANNOVER

oggetto: documenti di carico relativi alla partita
«Buna S.», «Buna N.» e «Dutral»

Gentili Signori,

Nel ringraziarVi cordialmente per l'accettazione
della cambiale rimborsabile n° 321/AS., a favore
della Compagnia Spedizioniera Holler & Heumann,
accusiamo ricevuta della Vostra lettera datata 15
c.m.

Alla stessa lettera erano allegati i sei documenti
di carico, relativi alla spedizione di cui all'oggetto,
e pertanto Vi diamo conferma anche della loro
ricezione.

In quanto al pagamento da Voi effettuato a favore
della suddetta Compagnia, Vi assicuriamo di aver
apportato qui da noi le opportune annotazioni circa
la somma che avete corrisposto e che è da ascri-
versi a Vostro credito.

Mentre ripetiamo ed approviamo l'intero debito,
consistente in € ..., Vi preghiamo gradire
i nostri migliori saluti.

BANCA COMMERCIALE
Succursale N° 3
p. Silvio Forza

cambiale f
  rimborsabile
  Rembourswechsel
a favore   zugunsten
accusare ricevuta
  Erhalt bestätigen
documenti di carico
  Ladepapiere
di cui all'oggetto
  siehe Stichwortzeile
ricezione
  Erhalt, Empfang
in quanto a
  was ... betrifft
apportato
  vorgenommen
annotazione
  Vermerk
somma corrisposta
  gezahlte Summe
ascrivere   anrechnen,
  zuschreiben
credito   Guthaben
debito   Schuld, Last
succursale   Filiale

Bremerhaven, 23 maggio ....

Spett.le Direzione
BANCA COMMERCIALE SARDA
Piazza Italia, 1
I-09100 CAGLIARI / CA

oggetto: incasso fattura commerciale

Ci rivolgiamo a Voi, quale nostra Banca di corrispondenza in Sardegna, con la preghiera di voler gentilmente provvedere all'incasso di una fattura a nostro favore.

Alleghiamo fattura commerciale, polizza di assicurazione e di carico delle merci destinate alla Ditta .... di Cagliari.

Le merci sono state imbarcate sulla nave «JULIUS» il giorno 20 corr. e saranno scaricate il giorno 2 p.v. a Cagliari.

Vi chiediamo di voler trasferire gentilmente i documenti allegati alla suddetta ditta contro pagamento della tratta allegata e di accreditare l'importo incassato su ns. c.c. n° 1234/S.

La tratta è accompagnata da una nota di pegno che Vi autorizzerà, in caso di mancato pagamento, a disporre della merce, dietro ns. conferma.

Sempre grati della Vostra preziosa collaborazione, Vi salutiamo distintamente.

J. REUTER
Import – Export

allegati: documenti d'imbarco

---

banca di corrispondenza
Partnerbank
provvedere all'incasso
für Einkassierung sorgen
polizza *f* **di assicurazione**
Versicherungspolice
polizza *f* **di carico**
Konnossement
scaricare entladen
tratta Wechsel
accreditare
gutschreiben
nota di pegno
Pfandbrief
disporre verfügen
documenti di imbarco
Schiffspapiere

Trattenavis
Avviso di tratta

Rostock, 23 maggio ....

Spett.le
BIOBRIN S.r.l.
Via Garibaldi, 12
I-40026 IMOLA / BO

Egregi Signori,

Abbiamo ricevuto la Vostra lettera del 3 maggio per la quale Vi ringraziamo.

Come sapete, è nostra regola non accettare mai tratte ma, in questo caso particolare e considerando le nostre lunghe relazioni d'affari, Vi comunichiamo di aver deciso di accogliere la Vostra richiesta.

Pertanto, Vi autorizziamo a spiccar tratta su di noi a 30 giorni a datare da oggi per il corrispettivo della fattura.

Anche per questa operazione, la ns. banca di appoggio è il CREDITO ITALIANO, il quale in seguito Vi sconterà la tratta.

Vogliate dunque cortesemente allegare alla suddetta tratta documentata i seguenti documenti, necessari per la sua accettazione:

– copia della fattura originale
– polizza di carico
– certificato di origine.

Con i migliori saluti.

p. DEUTSCHE UNION

Allegati

tratta *f* Wechsel
relazione d'affari
  Geschäftsbeziehung
accogliere
  annehmen, bewilligen
spiccare tratta
  Wechsel ziehen
corrispettivo *m*
  Begleichung
scontare
  diskontieren
allegare beifügen
tratta documentata
  Dokumententratte
polizza *f* **di carico**
  Konnossement
certificato *m* **di origine**
  Ursprungszeugnis

Bochum, 4 ottobre ....

Spett.le
Consorzio Agrario
Piazza Municipio, 10
I-98100 MESSINA / ME

oggetto: invio fattura N° 1234/MV

Egregi Signori,

Siamo lieti di comunicarVi che è stata puntualmente evasa la Vostra ordinazione di concime, e Vi assicuriamo che la merce sarà consegnata – conformemente alle Vostre istruzioni – entro la fine del mese.

Siamo altrettanto lieti che i nostri concimi abbiano talmente soddisfatto la Vostra clientela inducenduVi ad effettuare un altro ordine così consistente. Come potete rilevare dalla fattura commerciale acclusa, Vi abbiamo concesso uno sconto per quantità del 3,5%.

Confermiamo di aver stipulato – contro ogni rischio – un'assicurazione con la Compagnia di Assicurazione GENERALI.

L'imballaggio, in adempimento alle Vostre istruzioni, è stato accurato come sempre, e l'intero carico è stato sistemato in 2 container contenenti ciascuno 200 sacchi.

La merce è stata inviata CIF Messina con la motonave «TIRRENIA».

consorzio *m* **agrario**
landwirtschaftliche
Genossenschaft
evadere ausführen
concime *m* Dünger
consegnare
ausliefern
indurre veranlassen
consistente
umfangreich
fattura commerciale
Handelsrechnung
concedere
einräumen
sconto per quantità
Mengenrabatt
stipulare
abschließen
contro ogni rischio
Vollkasko
imballaggio *m*
Verpackung
adempimento *m*
Erfüllung
sistemare
unterbringen

...../2

Alleghiamo alla presente la fattura N° 1234/MV, in triplice copia, per la quale abbiamo spiccato tratta su di Voi a 60 giorni vista presso la Banca Commerciale, Ag. Nr. 3 che, a sua volta, è stata autorizzata a consegnare la polizza di carico contro accettazione della cambiale.

Inoltre troverete allegati:

– polizza di assicurazione
– certificato di origine
– licenza di esportazione.

Per ogni ulteriore chiarimento, rimaniamo a disposizione Vostra e cordialmente Vi salutiamo.

C. Bruckner AG
Industriechemie

allegati n° 6

triplice dreifach
spiccare tratta
  Wechsel ziehen
Ag. = agenzia f
  Zweigstelle
a sua volta ihrerseits
polizza di carico
  Konnossement
contro accettazione
  gegen Akzept
cambiale f Wechsel
polizza f **di assicurazione**
  Versicherungspolice
certificato m **di origine**
  Ursprungszeugnis
licenza f **di esportazione** Exportlizenz

133

95 Ankündigung eines Domizilwechsels
Avviso per una cambiale domiciliata

Bremerhaven, 15 novembre ....

Spett.le
BANCA COMMERCIALE SARDA
Ufficio Cambiali
Viale Manzoni, 13
I-09100 CAGLIARI / CA

oggetto: tratta Lit. ...., scadenza 20/12 c.a.

Vi preghiamo di voler cortesemente domiciliare la tratta spiccata sulla Ditta .... della Vs. città.

La tratta è all'ordine dello spedizioniere .... di Amburgo con scadenza al 20 dicembre c.a., e l'importo totale è di Lit. ....

Come sempre, provvederemo noi, tramite bonifico bancario sul ns. conto corrente presso la Vs. Banca, alla copertura prima della scadenza.

La cambiale sarà comunque accompagnata dalla lettera di vettura, dalla polizza di assicurazione e dalla fattura.

Vi preghiamo di volerci restituire – ad operazione effettuata – l'effetto debitamente quietanzato.

RingraziandoVi per la collaborazione, cogliamo l'occasione per salutarVi cordialmente.

NORDDEUTSCHE BANK
Bremerhaven

scadenza *f* Fälligkeit
domiciliare
  zahlbar stellen
spiccare tratta
  e. Wechsel ziehen
ditta Firma
all'ordine di
  an die Order von
spedizioniere
  Spediteur
importo *m* Betrag
bonifico *m* **bancario**
  Banküberweisung,
  Bankgutschrift
copertura Deckung
conto corrente
  Girokonto
lettera di vettura
  Frachtbrief
effetto *m*
  Wechsel, Wertpapier
quietanzare
  quittieren

Anweisung zur Konkursabwicklung
Istruzione per un'esecuzione fallimentare

Frankfurt, 23 aprile ....

Egr. Avv.
Ezio NICHI
Via N. Sauro, 5
I-34100 TRIESTE / TS

Egregio Avvocato,

La ringraziamo per la rapidità con la quale si è voluto dedicare alla questione che Le avevamo sottoposto con la ns. lettera del 25 marzo c.a.

Le siamo molto grati per le informazioni dateci che sicuramente ci hanno aiutato molto in questa delicata situazione.

Grazie ad esse siamo per lo meno riusciti ad evitare altre consegne alla ditta interessata, riducendo così il danno già subito.

Pertanto, in veste di ns. unico procuratore, vorremmo incaricarLa di rappresentare i ns. interessi nei confronti della società sotto amministrazione fallimentare per la quale è stato nominato curatore fallimentare l'Avv. Bianchi.

A tal proposito Le inviamo, in allegato, una procura speciale, debitamente autenticata. Di conseguenza Lei sarà anche autorizzato a ritirare eventuali dividendi che dalla liquidazione ci competeranno. Le trasmettiamo anche l'elenco delle partite sospese.

Attenderemo le spettanze del Suo onorario ed in attesa di Sue notizie, La salutiamo cordialmente.

L. KIRCHNER GmbH

sottoporre unterbreiten
delicato heikel
per lo meno wenigstens
consegna *f* Lieferung
in veste di als
procuratore Bevollmächtigter
incaricare beauftragen
amministrazione *f* **fallimentare** Konkursverwaltung
curatore *m* **fallimentare** Konkursverwalter
procura speciale Sondervollmacht
autenticare beglaubigen
liquidazione Abfindung, Liquidation
competere zustehen
partita *f* **sospesa** ausstehender Betrag
spettanza *f* Gebühr

97 Begleitschreiben zu einem Kreditbrief
Nota di accompagnamento ad una lettera di credito

Hannover, 8 marzo ....

Spett.le Direzione
Banca Commerciale Italiana
Piazza Repubblica, 3
I-37100 VERONA

oggetto: apertura di credito

Con la presente Vi preghiamo di aprire una lettera di credito per l'importo di € .... presso la Vs. sede di Verona. La lettera di credito deve essere irrevocabile e confermata, il destinatario è il Sig. Edwin Birker (nato ad Aachen il 21-05-1968).

Il Sig. Birker è il nuovo addetto alle vendite della Ditta .... e si recherà nella Vs. zona verso la metà del prossimo mese per instaurare nuovi rapporti di lavoro e per introdurre alcuni nuovi prodotti.

Data la nostra lunga collaborazione e per mezzo delle Vs. conoscenze specifiche, Vi preghiamo di prestargli la Vs. preziosa attenzione, dandogli dei suggerimenti e gli aiuti necessari.

Per quanto riguarda le varie somme da anticipare, Vi preghiamo di accettare le cambiali che il Sig. Birker spiccherà e di pagarle alla scadenza con addebito sul ns. conto corrente, maggiorato naturalmente delle Vs. spese e competenze. Allegheremo alla presente la sua firma depositata.

Ringraziamo per la Vs. preziosa collaborazione e cordialmente Vi salutiamo.

Allgemeine Kreditbank
p. il Direttore

all: 1 fac-simile firma

apertura f **di credito**
Krediteröffnung,
Akkreditivzahlung
lettera di credito
Kreditbrief
sede f Niederlassung,
hier: Bank
irrevocabile
unwiderruflich
addetto alle vendite
Verkaufsleiter
recarsi sich begeben
prestare attenzione
Aufmerksamkeit
schenken
suggerimento
Anregung, Rat
anticipare
vorstrecken,
vorauszahlen
cambiale f Wechsel
spiccare ziehen
addebito m
Belastung
maggiorato erhöht
competenze f/pl
Gebühren
firma depositata
Unterschriftsprobe

Zirkular-Kreditbrief
Lettera circolare di credito

98

Flensburg, 25.05...

Ai ns. Corrispondenti
LORO RISPETTIVE SEDI

oggetto: Lettera circolare di credito N°435/I.E.

Abbiamo il piacere di informarVi che il Dr. Johann Suhne di Amburgo, nato il 15/08/1961 ed attuale Direttore della Camera di Commercio di Amburgo, è stato accreditato presso i Vostri Istituti dal 1° giugno fino al 30 novembre c.a.

Confidiamo che gli riserverete la cortese accoglienza di cui ha sempre goduto in precedenti occasioni, e siamo certi che non mancherete di fornirgli le somme che richiederà di volta in volta: il suo credito totale è di € 100.000.

Pertanto Vi invitiamo a prendere nota delle seguenti operazioni di banca da effettuare ogni qualvolta il Dott. Suhne dovesse operare:

– riportare a tergo di questa stessa lettera circolare l'importo richiesto
– addebitare detto importo sul relativo conto corrente in valuta aggiungendo spese e provvigione, oppure sottrarle direttamente dalla somma globale di accredito
– citare il numero (435/I.E.) della presente lettera di credito sui vari documenti.

Vi ringraziamo per la cortese collaborazione e fiducia prestataci e cordialmente Vi salutiamo.

NORDDEUTSCHE BANK
Direktion
p. W. Busche

sede *f* Firmensitz, Niederlassung
lettera *f* **circolare** Rundschreiben
Camera di Commercio Handelskammer
accreditare akkreditieren
accoglienza *f* Aufnahme
godere genießen
operazione *f* **bancaria** Bankgeschäft
effettuare durchführen
riportare übertragen
a tergo umseitig, auf der Rückseite
addebitare belasten
conto *m* **corrente in valuta** Devisenkonto
provvigione *f* Provision
fiducia *f* Vertrauen

München, 6 giugno ....

Spett.le Direzione
Camera di Commercio
I-10100 TORINO / TO

Egregio Presidente,

Facendo riferimento alla ns. precedente corrispondenza, Vi confermiamo le date definitive della visita del Sig. Friedrich Hölsing nella Vs. città.

Il Sig. Hölsing, in qualità di perito industriale della ns. azienda, avrà il compito di illustrare i nuovissimi motori elettrici a recupero di energia solare.

A tale scopo, parteciperà alle manifestazioni da Voi organizzate a Torino e provincia in occasione del «Salone dell'Automobile». In seguito desidereremmo estendere questa campagna a tutto il resto dell'Italia settentrionale.

Poiché siamo convinti che Voi più di ogni altro possiate capire e promuovere la ns. iniziativa per la quale abbiamo messo a disposizione un budget consistente, Vi chiediamo di prestare gentilmente la massima attenzione e sostegno al ns. tecnico e di affiancarlo in tutte le sue iniziative.

Vi ringraziamo in anticipo per l'aiuto che cortesemente vorrete darci e, lieti di poterVi ricambiare la cortesia qualora se ne dovesse presentare l'occasione, restiamo in attesa di Vostre notizie e cordialmente Vi salutiamo.

M.S.W. Motorenwerke

---

in qualità di
  (in Eigenschaft) als
perito *m* **industriale**
  (praktischer)
  Ingenieur, Techniker
compito Aufgabe
recupero *m*
  Wiedergewinnung
energia *f* **solare**
  Sonnenenergie
scopo *m* Zweck, Ziel
estendere ausdehnen
settentrionale
  Nord...
promuovere
  steigern, fördern
mettere a disposizione
  zur Verfügung stellen
consistente
  umfangreich
sostegno *m*
  Unterstützung
affiancare
  unterstützen
ricambiare erwidern
qualora wenn, falls

Da: G.Pedemonte@libero.it
A: personal@softis.com
Oggetto: inserzione sul Corriere della Sera
Data: 05.12.20.. 18:01:32

Egregi Signori,

con riferimento alla Vostra inserzione apparsa sul Corriere della sera di venerdì scorso, mi permetto di presentare la mia candidatura per la posizione da Voi offerta, nella certezza di rispondere appieno alle caratteristiche richieste.

Come più dettagliatamente descritto nel mio curriculum, dispongo di diploma di laurea in economia, di un master in gestione aziendale e di un'ormai decennale esperienza nel campo della vendita.

Nel corso della mia lunga permanenza all'estero ho potuto approfondire le mie conoscenze del mercato anglosassone e aggiornarmi costantemente su tutte le novità informatiche.

Allego alla presente e-mail, come richiesto, il mio curriculum vitae in formato .rtf e, nell'attesa di essere invitato a un colloquio, Vi prego di gradire miei migliori saluti.

Giacomo Pedemonte

inserzione f Anzeige
con riferimento in Bezug auf
candidatura Bewerbung
appieno völlig
dettagliatamente ausführlich
laurea Doktorexamen
gestione aziendale Betriebsleitung
decennale zehnjährig
nel corso während
permanenza Aufenthalt
anglosassone angelsächsisch
aggiornarsi sich auf dem Laufenden halten
costantemente ständig

Anhang

Wichtige Abkürzungen der italienischen Geschäfts- und Handelskorrespondenz

a.	anno	Jahr
a/b	assegno bancario	Bankscheck
a.c.	anno corrente	laufenden Jahres, l. J.
acc.	accettazione	Akzept
a.f.	a favore	zugunsten
a/F	a mezzo ferrovia	per Bahn
a.f.m.	a fine mese	zum Monatsende
a.f.p.	a fine prossimo (mese)	bis Ende nächsten Monats
all., alleg.	allegato	Anlage, beiliegend
a.p.c.	a pronta cassa	gegen Barzahlung
art.	articolo	Artikel
a.s.	anno scorso	vergangenen Jahres
a.v.; a v/	a vista	auf Sicht
az.	azienda	Firma, Betrieb
B.ca	banca	Bank
B.M.	Banca Mondiale	Weltbank
b.p.	buono per	Gutschein für
c.; c/	conto	Konto
ca.	circa	zirka, etwa, ca.
c.a.	corrente anno	laufenden Jahres, l.J. (d.J.)
c.a.	cortese attenzione	zu Händen von
cad.	cadauno	jeder, pro Kopf, je
C.A.P.	Codice di Avviamento Postale	Postleitzahl, PLZ
c.c.; c/c; cc	conto corrente	laufendes Konto
C.C.	Codice Civile	Bürgerliches Gesetzbuch
c.c.p.	conto corrente postale	Postgirokonto
C.E.	Consiglio d'Europa	Europarat
CEE	Comunità Economica Europea	Europäische Gemeinschaft, EG *jetzt:* EU
C.I.F.	cost, insurance, freight	vgl. Incoterms *(S. 145)*
c.m.	corrente mese	laufenden Monats, l. M.
C.O.D.	pagamento alla consegna	Nachnahme
conf.	conforme	gemäß, konform
corr.	corrente (mese)	laufend(en Monats)
C.P.; c.p.	casella postale	Postfach
C.P.	Codice Penale	Strafgesetzbuch, StGB
c.s.	come sopra	wie oben
c.to	conto	Konto

141

C.V.; CV	cavallo vapore	Pferdestärke, PS
D/A	documenti contro accettazione	Dokumente gegen Akzept
dd.	datato	datiert
d.f.	data fattura	Rechnungsdatum
D.O.C.	denominazione di origine controllata	kontrollierte Ursprungsbezeichnung
D/P	documenti contro pagamento	Dokumente gegen Kasse
dott.	dottore	Doktor, Dr.
dott.ssa	dottoressa	(Frau) Doktor
ecc.	eccetera	und so weiter, usw.
EDP	(electronical data processor) elaborazione elettronica dei dati	elektronische Datenverarbeitung, EDV
egr.	egregio	geehrt(er)
E.N.E.L.	Ente Nazionale Energia Elettrica	Ital. Verband für Elektroenergie
E.N.I.	Ente Nazionale Idrocarburi	Ital. Verband für Kohlenwasser-stoffe
es.	esempio	Beispiel
F.A.S.	free alongside ship	vgl. Incoterms *(S. 145)*
fatt.	fattura	Rechnung
f.c.	fine corrente (mese)	Ende dieses Monats
F.co; fco.; f.co	franco	frei, franko
fo; f.to	firmato	gezeichnet
F.lli	Fratelli	Gebrüder
f.m.; f/m	fine mese	Ende des Monats
F.O.B.	free on board	vgl. Incoterms *(S. 145)*
f.s.	far seguire	bitte nachsenden
FF.SS.	Ferrovia dello Stato	Staatsbahnen
g.	giorno	Tag
GATT (WTO)	Accordo generale sulle tariffe e il commercio	Allgemeines Zoll- und Handelsabkommen
G.d.F.	Guardia di Finanza	Zollbehörde, „Finanzpolizei"
gg.	giorni	Tage
g/d	giorni data	… Tage ab Datum
G.V.	grande velocità	Eilgut
h.	ora	Stunde
ib.; ibid.	(ibidem) nello stesso luogo	ebenda, am gleichen Ort
I.G.E.	Imposta Generale sull'Entrata	Umsatzsteuer
Ill.mo	Illustrissimo	hochverehrt(er)
ing.	ingegnere	Ingenieur, Ing.
I.V.A.	Imposta sul Valore Aggiunto	Mehrwertsteuer, MWSt
L/C	lettera di credito	Kreditbrief
l.c.s.	letto, confermato, sottoscritto	gelesen, bestätigt, unterschrieben
l.do	lordo	Brutto-, brutto

Lit.	Lire italiane	ital. Lire
l.p.n.	lordo per netto	Brutto für Netto
L/V	lettera di vettura	Frachtbrief
m.	mio	mein
m.c.	mese corrente	laufenden Monats, l.M. (d.M.)
m.p.	mese passato	vorigen Monats, k.M.
Mn.	motonave	Motorschiff, MS
m.s.	mese scorso	vorigen Monats, v.M.
m.v.	mese venturo	kommenden Monats, k.M.
N.B.	nota bene	zu beachten
n.	numero	Nummer, Anzahl
n.n.	non numerate	ohne Nummerierung
N.N.	nomen nescio	nomen nescio, N.N.
No; no.; n°	numero	Nummer, Nr.
ns.; n/	nostro, nostra	unser(e)
p.	per ordine	im Auftrag, i.A.
p.a.	per augurio	als Glückwunsch
P/C	polizza di carico	Frachtbrief
p/c	per conto	im Namen von
p.c.	per concoscenza	zur Kenntnisnahme
p.c.c.	per copia conforme	für die Richtigkeit der Abschrift
p.e.	per esempio	zum Beispiel, z.B.
p.es.	per estensione	im weiteren Sinne
p.f.	per favore	bitte
P. IVA	Partita IVA	Mehrwertsteuernummer
p/o	per ordine	im Auftrag
p.p.	per porcura	per Prokura, in Vollmacht, pp.; ppa.
P.P.	porto pagato	Porto bezahlt
p.r.	per ringraziamento	als Ausdruck des Dankes
P.S.	post scriptum	post scriptum, P.S.
p.v.	prossimo venturo	nächst
P.V.	piccola velocità	Frachtgut
R.; racc.	raccomandata	Einschreiben
R/A	raccomandata con avviso di ritorno	Einschreiben mit Rückschein
S.A.	società anonima	Aktiengesellschaft
s.a.s.	società in accomandita semplice	Kommanditgesellschaft, KG
s.b.f.	salvo buon fine	unter üblichem Vorbehalt (Eingang vorbehalten)
s.c.	salvo complicazioni	vorbehaltlich Komplikationen
s.d.	senza data	ohne Datum
S.E. & O.	salvo errori e omissioni	Irrtümer und Auslassungen vorbehalten

s.l.m.	sul livello del mare	über dem Meeresspiegel, ü.d.M.
s.n.	senza numero, senza nome	ohne Zahl, ohne Namen
s.n.c.	società in nome collettivo	offene Handelsgesellschaft, OHG
soc.	società	Gesellschaft
S.p.A.	società per azioni	Aktiengesellschaft, AG
spett.	spettabile	geehrt (bei Firmen unübersetzt)
S.P.M.	sue proprie mani	zu Händen, z.Hd.; z.H.
S.r.l.	società a responsabilità limitata	Gesellschaft mit beschränkter Haftung, GmbH
s/s	senza spese	kostenfrei
TIR	Trasporti Internazionali Regolamentati	Internationale Lkw-Transporte
tr.	tratta	Tratte
ult.	ultimo	letzt
u.s.	ultimo scorso	(letzt)vergangen
v.s.	vedi sopra	siehe oben
Vs.; V/	Vostro, Vostra	Ihr(e)
vig.	vigente	in Kraft
v.v.	viceversa	umgekehrt

Abkürzungen in E-Mails

Es ist nützlich, einige Abkürzungen zu kennen, die immer öfters auch in E-Mails verwendet werden. Fast alle diese Abkürzungen und Konventionen sind vom Englischen abgeleitet:

AFAIK	As far as I know	Per quanto ne so	Soweit ich weiß
ASAP	As soon as possible	Il più presto possibile	Sobald wie möglich
BTW	By the way	A proposito, comunque	Übrigens, jedenfalls
CMQ	(*nur Italienisch*)	Comunque	Jedenfalls
FAQ	Frequently asked questions	Domande ricorrenti	Häufigste Fragen
FYI	For your information	Per Vs. conoscenza	Zu Ihrer Information
IOW	In other words	In altre parole	Mit anderen Worten
TIA	Thanks in advance	Grazie in anticipo	Danke im voraus

Smileys

Um in einer E-Mail Emotionen auszudrücken (und zuweilen auch um Missverständnissen vorzubeugen), werden zunehmend Smileys verwendet. Ein Smiley ist eine Folge einzelner Zeichen, die auf der Tastatur vorhanden sind. Ein Doppelpunkt, ein Minus-Zeichen und eine geschlossene Klammer ergeben ein lächelndes Gesicht, wenn man sie um 90 Grad dreht: **: -)**

Jeder kann seine eigenen Smileys erfinden und einsetzen, sollte aber davon – genauso wie von Ausrufezeichen – sparsam Gebrauch machen. Hier einige Beispiele:

Augenzwinkern:	**; -)**	lachen:	**: -D**	traurig:	**: -(**
ernst:	**: - I**	boshafte Bemerkung:	**: ->**	skeptisch:	**:- **

INCOTERMS (International Commercial Terms)
Clausole contrattuali internazionali

Die INCOTERMS sind von der International Chamber of Commerce, ICC Paris, zusammengestellt und bestimmen die jeweiligen Rechte und Pflichten von Käufer und Verkäufer bei internationalen Geschäftsabschlüssen. Die Neufassung der INCO-TERMS enthält 1990 13 Klauseln, von denen nachfolgend nur einige der wichtigsten Punkte aufgelistet sind. Genaue Einzelheiten und ihre juristische Auslegung gibt die Publikation «Incoterms» der ICC. Um ganz sicher zu sein, dass die Incoterms einem Vertrag zugrunde gelegt wurden, empfiehlt sich ein entsprechender Hinweis, z. B. Consegna FOB Bremerhaven (Incoterms 1990).

EXW (Ex Works – franco stabilimento, fabbrica, deposito)

„Ab Werk" bedeutet, dass der Verkäufer seine Lieferverpflichtung erfüllt, wenn er die Ware auf seinem Gelände (d. h. Werk, Fabrikräume, Lager usw.) dem Käufer zur Verfügung stellt. Der Käufer trägt alle Kosten und Gefahren, die mit dem Transport der Ware vom Gelände des Verkäufers verbunden sind.

FAS (Free Alongside Ship – franco lungo bordo)

„Frei Längsseite Schiff" bedeutet, dass der Verkäufer seine Lieferverpflichtung erfüllt, wenn die Ware längsseits des Schiffes am Kai oder in Leichterschiffen im benannten Verschiffungshafen verbracht ist.

FCA (Free Carrier – franco vettore)

„Frei Frachtführer" bedeutet, dass der Verkäufer seine Lieferverpflichtung erfüllt, wenn er die zur Ausfuhr freigemachte Ware dem vom Käufer benannten Frachtführer am benannten Ort übergibt. Frachtführer ist, wer sich durch einen Beförderungsvertrag verpflichtet, die Beförderung per Schiene, Straße, See, Luft, Binnengewässer oder in einer Kombination dieser Transportarten durchzuführen bzw. durchführen zu lassen.

FOB (Free on Board – franco a bordo)

„Frei an Bord" bedeutet, dass der Verkäufer seine Lieferverpflichtung erfüllt, wenn die Ware die Schiffsreling im benannten Verschiffungshafen überschritten hat. Die FOB-Klausel verpflichtet den Verkäufer, die Ware zur Ausfuhr freizumachen.

CFR (Cost and Freight – costo e nolo)

„Kosten und Fracht" bedeutet, dass der Verkäufer die Kosten und die Fracht tragen muss, die erforderlich sind, um die Ware zum benannten Bestimmungshafen zu befördern; jedoch gehen die Gefahr des Verlustes oder der Beschädigung der Ware ebenso wie zusätzliche Kosten, die auf Ereignisse nach Lieferung der Ware an Bord zurückzuführen sind, vom Verkäufer auf den Käufer über, sobald die Ware die Schiffsreling im Verschiffungshafen passiert hat.

CIF (Cost, Insurance, Freight – costo, assicurazione e nolo)

„Kosten, Versicherung, Fracht" bedeutet, dass der Verkäufer die gleichen Verpflichtungen wie bei der CFR-Klausel hat, jedoch zusätzlich zum Abschluss der Seetransportversicherung gegen die vom Käufer getragene Gefahr des Verlustes oder der Beschädigung der Ware während des Transports verpflichtet ist.

CIP (Carriage and Insurance paid – spese di trasporto e assicurazione pagate)

„Frachtfrei versichert" bedeutet, dass der Verkäufer die gleichen Verpflichtungen wie bei der CPT-Klausel hat, jedoch zusätzlich für die Transportversicherung gegen die vom Käufer getragene Gefahr des Verlustes oder der Beschädigung der Ware während des Transports zu sorgen und deren Kosten zu tragen hat.

CPT (Carriage paid to ... – spese di trasporto pagate)

„Frachtfrei ..." bedeutet, dass der Verkäufer Kosten und Fracht für die Beförderung der Ware bis zum benannten Bestimmungsort trägt.

DAF (Delivered at Frontier – reso frontiera)

„Geliefert Grenze" bedeutet, dass der Verkäufer seine Lieferverpflichtung erfüllt, wenn die zur Ausfuhr freigemachte Ware an der benannten Stelle des benannten Grenzorts zur Verfügung gestellt wird, jedoch vor der Zollgrenze des benachbarten Landes.

DDP (Delivered Duty paid – reso sdoganato)

„Geliefert verzollt" bedeutet, dass der Verkäufer seine Lieferverpflichtung erfüllt, wenn die Ware am benannten Ort im Einfuhrland zur Verfügung gestellt wird.

Wünschen die Parteien, dass der Käufer die Ware zur Einfuhr freimacht und die Zölle entrichtet, ist die DDU-Klausel geeigneter.

DDU (Delivered Duty unpaid – reso non sdoganato)

„Geliefert unverzollt" bedeutet, dass der Verkäufer seine Lieferverpflichtung erfüllt, wenn die Ware am benannten Ort im Einfuhrland zur Verfügung gestellt wird.

DEQ (Delivered ex Quay – reso in banchina, sdoganato)

„Geliefert ab Kai (verzollt)" bedeutet, dass der Verkäufer seine Lieferverpflichtung erfüllt, wenn er die zur Einfuhr freigemachte Ware dem Käufer am Kai des benannten Bestimmungshafens zur Verfügung stellt.

DES (Delivered ex Ship – reso a bordo, non sdoganato)

„Geliefert ab Schiff" bedeutet, dass der Verkäufer seine Lieferverpflichtung erfüllt, wenn die Ware, die vom Verkäufer nicht für die Einfuhr freizumachen ist, dem Käufer an Bord des Schiffes im benannten Bestimmungshafen zur Verfügung gestellt wird.

Italienische Postleitzahlen mit Provinzzugehörigkeit

35031	Abano Terme / PD	39041	Brennero (Brenner) / BZ
63041	Acquasanta Terme / AP	25100	BRESCIA / BS
70021	Acquaviva delle Fonti / BA	20091	Bresso / MI
15011	Acqui Terme / AL	72100	BRINDISI / BR
92100	AGRIGENTO / AG	39042	Bressanone (Brixen) / BZ
17021	Alassio / SV	21052	Busto Arsizio / VA
15100	ALESSANDRIA / AL		
07041	Alghero / SS	09100	CAGLIARI / CA
84011	Amalfi / SA	91013	Calatafimi / TP
33021	Ampezzo / UD	93100	CALTANISETTA / CL
60100	ANCONA / AN	62032	Camerino / MC
70031	Andria / BA	22060	Campione d'Italia / CO
25040	Angolo Terme / BS	86100	CAMPOBASSO / CB
00042	Anzio / RM	39032	Campo Tures (Sand in
11100	AOSTA / AO		Taufers) / BZ
33051	Aquileia / UD	38032	Canazei di Fassa / TN
52100	AREZZO / AR	70053	Canosa di Puglia / BA
00040	Ariccia / RM	22063	Cantù / CO
63100	ASCOLI PICENO / AP	80073	Capri / NA
06081	Assisi / PG	65023	Caramanico Terme / PE
14100	ASTI / AT	41012	Carpi / MO
96011	Augusta / SR	54033	Carrara / MS
83100	AVELLINO / AV	26041	Casalmaggiore / CR
		80074	Casamicciola Terme / NA
55021	Bagni di Lucca Ponte / LU	56034	Casciana Terme / PI
37011	Bardolino / VR	81100	CASERTA / CE
70100	BARI / BA	20062	Cassano d' Adda / MI
36061	Bassano del Grappa / VI	00040	Castel Gandolfo / RM
35041	Battaglia Terme / PD	70013	Castellana Grotte / BA
32100	BELLUNO / BL	80053	Castellammare di Stabia / NA
87030	Belmonte Calabro / CS	95100	CATANIA / CT
82100	BENEVENTO / BN	88100	CATANZARO / CS
40010	Bentivoglio / BO	48015	Cervia / RA
24100	BERGAMO / BG	12062	Cherasco / CN
52011	Bibbiena / AR	53042	Chianciano Terme / SI
13051	Biella / VC	66100	CHIETI / CH
70052	Bisceglie / BA	62011	Cingoli / MC
25041	Boario Terme	00120	CITTA' del VATICANO
40100	BOLOGNA / BO	39040	Colle Isarco (Gossensass) /
01023	Bolsena / VT		BZ
39100	BOLZANO (BOZEN) / BZ	44022	Comacchio / FE
38051	Borgo Volsugana / TN	22100	COMO / CO
37021	Bosco Chiesanuova / VR	32043	Cortina d' Ampezzo / BL

147

87100	COSENZA / CS	62100	MACERATA / MC
11013	Courmayeur / AO	71043	Manfredonia / FG
26100	CREMONA / CR	46100	MANTOVA / MN
40014	Crevalcore / BO	91025	Marsala / TP
12100	CUNEO / CN	54100	MASSA / MS
		63010	Massignano / AP
20033	Desio / MI	75100	MATERA / MT
28037	Domodossola / NO	85025	Melfi / PZ
		39012	Merano / BZ
94100	ENNA / EN	98100	MESSINA / ME
30020	Eraclea / VE	30170	MESTRE / VE
		38016	Mezzacorona / TN
61032	Fano / PS	20100	MILANO / MI
44100	FERRARA / FE	41037	Mirandola / MO
50014	Fiesole / FI	41100	MODENA / MO
50100	FIRENZE / FI	70042	Mola di Bari / BA
03014	Fiuggi / FR	34074	Monfalcone / GO
71100	FOGGIA / FG	35043	Monselice / PD
39040	Fontane-Fredde / PN	05020	Montecchio / TR
	(Kaltenbrunn)	85020	Monticchio Bagni
47100	FORLI' / FO		
55042	Forte dei Marmi / LU	80100	NAPOLI / NA
03100	FROSINONE / FR	00048	Nettuno / RM
		28100	NOVARA / NO
37016	Garda / VR	15067	Novi Ligure / AL
16100	GENOVA / GE	08100	NUORO / NU
70023	Gioia del Colle / BA		
34170	GORIZIA / GO	07026	Olbia / SS
70024	Gravina di Puglia / BA	21057	Olgiate Olona / VA
58100	GROSSETO / GR	09025	Oristano / OR
06024	Gubbio / PG	00050	Ostia Antica
		73028	Otranto / LE
18100	IMPERIA / IM		
		35100	PADOVA / PD
20100	Lambrate / MI	84063	Paestum
67100	L' AQUILA / AQ	90100	PALERMO / PA
19100	LA SPEZIA / SP	91017	Pantelleria / TP
04100	LATINA / LT	43100	PARMA / PR
21014	Laveno Montebello / VA	06065	Passignano sul Trasimeno /
73100	LECCE / LE		PG
38056	Levico Terme / TN	38030	Passo Rolle / TN
57100	LIVORNO / LI	27100	PAVIA / PV
60025	Loreto / AN	61040	Peglio / PS
55100	LUCCA / LU	06100	PERUGIA / PG
42045	Luzzara / RE	61100	PESARO / PS

65100	PESCARA / PE	45100	ROVIGO / RO
37019	Peschiera del Garda / VR	84100	SALERNO / SA
29100	PIACENZA / PC	63039	S. Benedetto del Tronto / AP
55045	Pietrasanta / LU	74020	S. Marzano di S. Giuseppe /
56100	PISA / PI		TA
75015	Pisticci / MT	07100	SASSARI / SS
51100	PISTOIA / PT	17100	SAVONA / SA
80045	Pompei / NA	53100	SIENA / SI
33170	PORDENONE / PN	76100	SIRACUSA / SR
80077	Ischia / NA	26029	Soncino / CR
30026	Portogruaro / VE	23100	SONDRIO / SO
85100	POTENZA / PZ		
50047	Prato / FI	74100	TARANTO / TA
70017	Putignano / BA	64100	TERAMO / TE
		05100	TERNI / TR
97100	RAGUSA / RG	10100	TORINO / TO
16035	Rapallo / GE	38100	TRENTO / TN
48100	RAVENNA / RA	31100	TREVISO / TV
34070	Redipuglia Sacrario		
89100	REGGIO CALABRIA / RC	33100	UDINE / UD
42100	REGGIO EMILIA / RE		
47031	REPUBBLICA DI	21100	VARESE / VA
	S. MARINO / RSM	30100	VENEZIA / VE
		18039	Ventimiglia / IM
47036	Riccione Marina / FO	13100	VERCELLI / VC
02100	RIETI / RI	37100	VERONA / VR
47037	Rimini / FO	88010	Vibo Valentina / CZ
10098	Rivoli / TO	36100	VICENZA / VI
67037	Roccaraso / AQ	20030	Villaggio Snia / MI
00100	ROMA / RM	01100	VITERBO / VT
36068	Rovereto Trentino / TN	44019	Voghera / PV

Italienische Kraftfahrzeugkennzeichen und Provinzen

AG	Agrigento *Agrigent*
AL	Alessandria *Alessandria*
AN	Ancona *Ancona*
AO	Aosta *Aosta*
AP	Ascoli Piceno *Ascoli Piceno*
AQ	L'Aquila *Aquila*
AR	Arezzo *Arezzo*
AT	Asti *Asti*
AV	Avellino *Avellino*
BA	Bari *Bari*
BG	Bergamo *Bergamo*
BL	Belluno *Belluno*
BN	Benevento *Benevent*
BO	Bologna *Bologna*
BR	Brindisi *Brindisi*
BS	Brescia *Brescia*
BZ	Bolzano *Bozen*
CA	Cagliari *Cagliari*
CB	Campobasso *Campobasso*
CE	Caserta *Caserta*
CH	Chieti *Chieti*
CL	Caltanissetta *Caltanissetta*
CN	Cuneo *Cuneo*
CO	Como *Como*
CR	Cremona *Cremona*
CS	Cosenza *Cosenza*
CT	Catania *Catania*
CZ	Catanzaro *Catanzaro*
EN	Enna *Enna*
FE	Ferrara *Ferrara*
FG	Foggia *Foggia*
FI	Firenze *Florenz*
FO	Forlì *Forlì*
FR	Frosinone *Frosinone*
GE	Genova *Genua*
GO	Gorizia *Görz*
GR	Grosseto *Grosseto*
IS	Isernia *Isernia*
LE	Lecce *Lecce*
LI	Livorno *Livorno*
LT	Latina *Latina*
LU	Lucca *Lucca*
MC	Macerata *Macerata*
ME	Messina *Messina*
MI	Milano *Mailand*
MN	Mantova *Mantua*
MO	Modena *Modena*

MS	Massa Carrara *Massa Carrara*
MT	Matera *Matera*
NA	Napoli *Neapel*
NO	Novara *Novara*
NU	Nuoro *Nuoro*
PA	Palermo *Palermo*
PC	Piacenza *Piacenza*
PD	Padova *Padua*
PE	Pescara *Pescara*
PG	Perugia *Perugia*
PI	Pisa *Pisa*
PN	Pordenone *Pordenone*
PR	Parma *Parma*
PS	Pesaro *Pesaro*
PT	Pistoia *Pistoia*
PV	Pavia *Pavia*
PZ	Potenza *Potenza*
RC	Reggio Calabria *Reggio (di) Calabria*
RE	Reggio Emilia *Reggio Emilia*
RG	Ragusa *Ragusa*
RI	Rieti *Rièti*
RM	Roma *Rom*
RO	Rovigo *Rovigo*
SA	Salerno *Salerno*
SCV	Vaticano *Vatikan*
SI	Siena *Siena*
SO	Sondrio *Sondrio*
SP	La Spezia *La Spezia*
SR	Siracusa *Syrakus*
SS	Sassari *Sassari*
SV	Savona *Savona*
TA	Taranto *Tarent*
TE	Teramo *Teramo*
TN	Trento *Trient*
TO	Torino *Turin*
TP	Trapani *Trapani*
TR	Terni *Terni*
TS	Trieste *Triest*
TV	Treviso *Treviso*
UD	Udine *Udine*
VA	Varese *Varese*
VC	Vercelli *Vercelli*
VE	Venezia *Venedig*
VI	Vicenza *Vicenza*
VR	Verona *Verona*
VT	Viterbo *Viterbo*

Italienische geographische Eigennamen

A

Abruzzi *m/pl*, Abruzzo *m* Abruzzen *pl*
Adige *m* Etsch *f*
Adriatico *m* Adria *f*, Adriatisches Meer *n*
Afghanistan *m* Afghanistan *n*
Africa *f* Afrika *n*
Alasca *f* Alaska *n*
Albania *f* Albanien *n*
Algeri *f* Algier *n*
Algeria *f* Algerien *n*
Alpi *f/pl* Alpen *pl*
Alsazia *f* Elsaß *n*
Alto Adige *m* Oberetschland *n*, Südtirol *n*
Amburgo *f* Hamburg *n*
America *f* Amerika *n*, ~ del Nord Nordamerika *n;*
~ del Sud Südamerika *n;* ~ Centrale Mittelamerika *n;* ~ Latina Lateinamerika *n*
Antartide *f* Antarktis *f*
Antille *f/pl* Antillen *pl*
Anversa *f* Antwerpen *n*
Aosta *f* Aosta *n*
Appennini *m/pl;* Appennino *m*
Apennin *m*
Aquisgrana *f* Aachen *n*
Arabia *f* Arabien *n;* ~ Saudita Saudi-Arabien *n*
Argentina *f* Argentinien *n*
Armenia *f* Armenien *n*
Artide *f* Arktis *f*
Asia *f* Asien *n*
Assia *f* Hessen *n*
Atene *f* Athen *n*
Atlantico *m* Atlantik *m*
Augusta *f* Augsburg *n*
Australia *f* Australien *n*
Austria *f* Österreich *n*
Azzorre *f/pl* Azoren *pl*

B

Balcani *m/pl* Balkan *m*
Baleari *f/pl* Balearen *pl*
Baltico *m* Ostsee *f*
Basilea *f* Basel *n*
Baviera *f* Bayern *n*
Belgio *m* Belgien *n*
Belgrado *f* Belgrad *n*
Berlino *f* Berlin *n*
Berna *f* Bern *n*
Biscaglia *f* Biskaya *f*
Boemia *f* Böhmen *n*
Bolivia *f* Bolivien *n*
Bolzano *f* Bozen *n*
Bosforo *m* Bosporus *m*

Bosnia-Erzegovina *f* Bosnien-Herzegowina *n*
Brandeburgo *m* Brandenburg *n*
Brasile *m* Brasilien *n*
Brema *f* Bremen *n*
Brennero *m* Brenner *m*
Bressanone *f* Brixen *n*
Bretagna *f* Bretagne *f*
Brunico *f* Bruneck *n*
Bruxelles *f* Brüssel *n*
Bucarest *f* Bukarest *n*
Budapest *f* Budapest *n*
Bulgaria *f* Bulgarien *n*

C

Cairo *m* Kairo *n*
Calabria *f* Kalabrien *n*
California *f* Kalifornien *n*
Cambogia *f* Kambodscha *n*
Camerún *m* Kamerun *n*
Campania *f* Kampanien *n*
Canada *m* Kanada *n*
Canale della Manica *m* Ärmelkanal *m*
Canarie *f/pl* Kanarische Inseln *f/pl*
Capri *f* Capri *n*
Carinzia *f* Kärnten *n*
Caucaso *m* Kaukasus *m*
Ceca: Repubblica Ceca *f*
Tschechien *f*
Cervino *m* Matterhorn *n*
Cile *m* Chile *n*
Cina *f* China *n*
Cipro *f* Zypern *n*
Città del Capo *f* Kapstadt *n*
Città del Vaticano *f* Vatikanstadt *f*
Coblenza *f* Koblenz *n*
Colombia *f* Kolumbien *n*
Colonia *f* Köln *n*
Copenaghen *f* Kopenhagen *n*
Corea *f* Korea *n*
Corsica *f* Korsika *n*
Costanza *f* Konstanz *n*
Creta *f* Kreta *n*
Cuba *f* Kuba *n*

D

Dalmazia *f* Dalmatien *n*
Danimarca *f* Dänemark *n*
Danubio *m* Donau *f*
Dolomiti *f/pl* Dolomiten *pl*
Dresda *f* Dresden *n*

E

Egeo *m* Ägäis *f*
Egitto *m* Ägypten *n*
Elba *f* Elba *n*
Eolie *f/pl* Liparische Inseln *f/pl*
Estonia *f* Estland *n*
Etiopia *f* Äthiopien *n*
Etna *m* Ätna *m*
Europa *f* Europa *n*

F

Filippine *f/pl* Philippinen *pl*
Finlandia *f* Finnland *n*
Firenze *f* Florenz *n*
Francia *f* Frankreich *n*
Francoforte *f* Frankfurt *n*
Friburgo *f* Freiburg *n*
Frisia *f* Friesland *n*
Friuli *m* Friaul *n*

G

Gardena *f* Gröden *n;*
  Val *f* ~ Grödnertal *n*
Genova *f* Genua *n*
Georgia *f* Georgien *n*
Germania *f* Deutschland *n*
Gerusalemme *f* Jerusalem *n*
Giappone *m* Japan *n*
Gibilterra *f* Gibraltar *n*
Ginevra *f* Genf *n*
Gottinga *f* Göttingen *n*
Gran Bretagna *f* Großbritannien *n*
Grecia *f* Griechenland *n*
Groenlandia *f* Grönland *n*

I

India *f* Indien *n*
Indonesia *f* Indonesien *n*
Inghilterra *f* England *n*
Iran *m* Iran *m*
Iraq *m* Irak *m*
Irlanda *f* Irland *n*
Islanda *f* Island *n*
Italia *f* Italien *n*

L

Lago di Como *m* Comer See *m*
Lago di Costanza *m* Bodensee *m*
Lago di Garda *m* Gardasee *m*
Lago di Ginevra *m* Genfer See *m*
Lago Maggiore *m* Lago Maggiore *m*
Lago dei Quattro Cantoni
  m Vierwaldstätter See *m*

L'Aia *f* Den Haag *n*
Lazio *m* Latium *n*
Lettonia *f* Lettland *n*
Libano *m* Libanon *m*
Libia *f* Libyen *n*
Liguria *f* Ligurien *n*
Lipsia *f* Leipzig *n*
Lisbona *f* Lissabon *n*
Lituania *f* Litauen *n*
Lombardia *f* Lombardei *f*
Londra *f* London *n*
Losanna *f* Lausanne *n*
Lubecca *f* Lübeck *n*
Lucerna *f* Luzern *n*
Lussemburgo *m* Luxemburg *n*

M

Macedonia *f* Mazedonien *n*
Magdeburgo *f* Magdeburg *n*
Magonza *f* Mainz *n*
Maiorca *f* Mallorca *n*
Maldive *f/pl* Malediven *pl*
Mantova *f* Mantua *n*
Marche *f/pl* Marken *f/pl*
Mare Adriatico *m* Adriatisches Meer *n*,
  Adria *f*
Mar Baltico *m* Ostsee *f*
Mar Egeo *m* Ägäisches Meer *n*
Mar Ionio *m* Ionisches Meer *n*
Mar Ligure *m* Ligurisches Meer *n*
Mare Mediterraneo *m* Mittelmeer *n*
Mar Nero *m* Schwarzes Meer *n*
Mare del Nord *m* Nordsee *f*
Mar Rosso *m* Rotes Meer *n*
Mar Tirreno *m* Tyrrhenisches Meer *n*
Marocco *m* Marokko *n*
Marsiglia *f* Marseille *n*
Mecklemburgo *m* Mecklenburg *n*
Meno *m* Main *m*
Merano *f* Meran *n*
Messico *m* Mexiko *n*
Milano *f* Mailand *n*
Monaco *f (principato)* Monaco *n;*
  ~ **di Baviera** München *n*
Monte Bianco *m* Montblanc *m*
Monte Cervino *m* Matterhorn *n*
Montenegro *m* Montenegro *n*
Mosa *f* Maas *f*
Mosca *f* Moskau *n*
Mosella *f* Mosel *f*

N

Napoli *f* Neapel *n*
Norimberga *f* Nürnberg *n*
Normandia *f* Normandie *f*

Norvegia *f* Norwegen *n*
Nuova Zelanda *f* Neuseeland *n*

O

Oceania *f* Ozeanien *n*
Olanda *f* Holland *n*

P

Pacifico *m* Pazifik *m*
Padova *f* Padua *n*
Paesi Bassi *m/pl*
  Niederlande *f/pl*
Palatinato *m* Pfalz *f*
Panama *m* Panama *n*
Parigi *f* Paris *n*
Pechino *f* Peking *n*
Persia *f* Persien *n*
Perù *m* Peru *n*
Piemonte *m* Piemont *n*
Pirenei *m/pl* Pyrenäen *pl*
Polonia *f* Polen *n*
Portogallo *m* Portugal *n*
Praga *f* Prag *n*
Provenza *f* Provence *f*
Prussia *f* Preußen *n*
Puglia *f* Apulien *n*

R

Ratisbona *f* Regensburg *n*
Renania *f* Rheinland *n*
Reno *m* Rhein *m*
Rodano *m* Rhone *f*
Roma *f* Rom *n*
Romania *f* Rumänien *n*
Russia *f* Russland *n*

S

Salisburgo *f* Salzburg *n*
San Gottardo *m* Sankt Gotthard *m*
Sardegna *f* Sardinien *n*
Sassonia *f* Sachsen *n*
Scandinavia *f* Skandinavien *n*
Scozia *f* Schottland *n*
Selva Nera *f* Schwarzwald *m*
Senna *f* Seine *f*
Siberia *f* Sibirien *n*
Sicilia *f* Sizilien *n*
Siria *f* Syrien *n*
Slovenia *f* Slowenien *n*
Somalia *f* Somalia *n*
Spagna *f* Spanien *n*
Spalato *f* Split *n*
Spira *f* Speyer *n*

Stati Uniti d'America *m/pl* Vereinigte Staaten
  von Amerika *m/pl*
Stelvio: Passo dello ~ Stilfser Joch *n*
Stiria *f* Steiermark *f*
Stoccarda *f* Stuttgart *n*
Stoccolma *f* Stockholm *n*
Strasburgo *f* Straßburg *n*
Sudafrica *m* Südafrika *n*
Svevia *f* Schwaben *n*
Svezia *f* Schweden *n*
Svizzera *f* Schweiz *f*

T

Tamigi *m* Themse *f*
Taranto *m* Tarent *n*
Tarvisio *f* Tarvis *n*
Tevere *m* Tiber *m*
Ticino *m* Tessin *n*
Tirolo *m* Tirol *n*
Torino *f* Turin *n*
Toscana *f* Toskana *f*
Trentino-Alto Adige *m* Trentino-Südtirol *n*
Trento *f* Trient *n*
Treviri *f* Trier *n*
Trieste *f* Triest *n*
Tubinga *f* Tübingen *n*
Tunisi *f* Tunis *n*
Tunisia *f* Tunesien *n*
Turchia *f* Türkei *f*
Turingia *f* Thüringen *n*

U

Ucraina *f* Ukraine *f* ·
Umbria *f* Umbrien *n*
Ungheria *f* Ungarn *n*
Urali *m/pl* Ural *m*

V

Valle d'Aosta *f* Aostatal *n*
Valtellina *f* Veltlin *n*
Varsavia *f* Warschau *n*
Vaticano *m* Vatikan *m*
Veneto *m* Venetien *n*
Venezia *f* Venedig *n*
Vesuvio *m* Vesuv *m*
Vienna *f* Wien *n*
Villaco *f* Villach *n*
Vipiteno *f* Sterzing *n*
Volga *m* Wolga *f*

Z

Zagabria *f* Zagreb *n*
Zurigo *f* Zürich *n*

Buchstabieralphabete · Alfabeti telefonici

	Deutsch Tedesco	Italienisch Italiano	International Internazionale
A	Anton	Ancona	Amsterdam
Ä	Ärger	–	–
B	Berta	Bologna	Baltimore
C	Cäsar	Como	Casablanca
D	Dora	Domodossola	Danemark
E	Emil	Empoli	Edison
F	Friedrich	Firenze	Florida
G	Gustav	Genova	Gallipoli
H	Heinrich	Hotel	Havanna
I	Ida	Imola	Italia
J	Julius	I lunga, Jersey	Jerusalem
K	Kaufmann	Kursaal	Kilogramme
L	Ludwig	Livorno	Liverpool
M	Martha	Milano	Madagaskar
N	Nordpol	Napoli	New York
O	Otto	Otranto	Oslo
Ö	Ökonom	–	–
P	Paula	Padova	Paris
Q	Quelle	Quarto	Québec
R	Richard	Roma	Roma
S	Siegfried	Savona	Santiago
T	Theodor	Torino	Tripoli
U	Ulrich	Udine	Uppsala
Ü	Übermut	–	–
V	Viktor	Venezia	Valencia
W	Wilhelm	Washington	Washington
X	Xanthippe	Ics, Xilofono	Xanthippe
Y	Ypsilon	York, yacht	Yokohama
Z	Zacharias	Zara	Zürich

Maße und Gewichte · Misure e Pesi

Die Maße und Gewichte des Dezimal-Meter-Systems *(sistema metrico decimale)*
sollen aufgrund der international festgelegten Vereinbarungen abgekürzt werden
und lauten wie folgt:

Längenmaße · Misure di lunghezza

Chilometro, km*	Centimetro, cm
Metro, m	Millimetro, mm

Flächenmaße · Misure di superficie

Ettaro, ha = 10 000 qm	Chilometro quadrato, Kmq
Ara, a = 100 qm	Metro quadrato, mq

Raummaße · Misure di volume

Metro cubo, m^3	Centimetro cubo, ccm
Stero, s (= m^3)**	Millimetro cubo, cmm

Hohlmaße · Misure di capacità

Ettolitro, hl = 100 l	Litro, l
Decalitro, dal = 10 l	Decilitro, dl = $^1\!/_{10}$ l

Gewichte · Pesi

Tonnellata, t = 1000 kg	Grammo, g
Quintale, q = 100 kg	Decigrammo, dg = $^1\!/_{10}$ g
Chilogrammo, kg	Centigrammo, cg = $^1\!/_{100}$ g
Ettogrammo, hg = 100 g	Milligrammo, mg = $^1\!/_{1000}$ g

Münzen · Monete

In Italien gibt es offiziell folgende Münzen:
10 Lire, 20 Lire, 50 Lire, 100 Lire, 200 Lire, 500 Lire, 1000 Lire

Die Banca d'Italia (Staatsbank) hat als einzige berechtigte Emissionsbank *(banca d'emissione)* folgende Banknoten *(banconote)* in Umlauf gesetzt:
1000 Lire, 2000 Lire, 5000 Lire, 10.000 Lire, 50.000 Lire, 100.000 Lire,
500.000 Lire.

Ab dem 1.1.2002 gilt der Euro in Italien offiziell als Zahlungsmittel. Einem Euro
entsprechen 1936,27 Lire. Neben den neuen Scheinen und Münzen des Euro
bekommen die Italiener(innen) nun auch eine kleinere Währungseinheit, nämlich
Münzen zu 1, 2, 5, 10, 20 und 50 centesimi.

---

* Oft setzt man in Italien hinter die Abkürzung einen Punkt, also *cm., hl., km.* usw.,
selbst in wissenschaftlichen Werken.

** für *Brennholz*

Briefmuster im Original-Layout

1. Blockform

GRUPPO ⚡ ZURIGO

☐ ZURIGO ☐ ZURIGO VITA ☐ ZURICH INTERNATIONAL ☐ BANUBIO ☐ MINERVA ☐ MINERVA VITA ☐ SICURTA 1879

Preg.mo Arch.
Dell'Anna Dott.Angelo
Via Mazzini, 36
72100 Brindisi

25 gennaio ....

oggetto: Convenzione assicurativa

Egregio Architetto,

abbiamo il piacere di informarLa che il Gruppo Zurigo - uno dei maggiori complessi assicurativi in Europa - ha stipulato con la FederArchitetti una Convenzione che prevede una serie di qualificanti garanzie assicurative per la professione, la persona e la famiglia.
Tale Convenzione, per volontà della FederArchitetti, è aperta a tutti gli Architetti liberi professionalisti, anche non iscritti al Sindacato.

Si tratta di prodotti assicurativi all'avanguardia, realizzati insieme ai rappresentanti della FederArchitetti, e proposti a prezzi competitivi.
Tra le garanzie oggetto della Convenzione, illustrate nel depliant allegato, Le segnaliamo in modo particolare la polizza a copertura della Responsabilità Civile Professionale, molto ampia e aggiornata alle recenti disposizioni legislative.

Siamo a Sua disposizione per illustrarLe i vantaggi della Convenzione e, in attesa di incontrarLa, ci è gradita l'occasione per porgere i nostri migliori saluti.

L'Agente
Semeraro Geom. Giovanni

all.: depliant

Zurigo Assicurazioni
Agenzia di Brindisi - Viale Palmiro Togliatti, 20
tel. 0831/515333
Prossima Sede in Via A. Lanzellotti, 3/D

2. Rundschreiben

cierre
accessories

data: 24.01.01

oggetto: aggiornamento listino prezzi
CIRCOLARE

A TUTTA LA NOSTRA

GENTILE CLIENTELA

LORO SEDI

Vi informiamo che a causa dell' aumento complessivo dei costi generali si rende necessario un aggiornamento del nostro listino prezzi.

Tale aggiornamento prevede un incremento medio dei prezzi di circa il 7,5%.

Il nuovo listino avrà validità inderogabile al 1 febbraio 2001 e sarà comprensivo dei nuovi prodotti con la specifica delle dimensioni, dei colori e degli imballi standard.

Per ogni Vs. necessità rimaniamo a Vs. disposizione per eventuali chiarimenti.

Nel rinnovare gli auguri per un proficuo anno lavorativo, cogliamo l'occasione per rinnovarVi l'invito al MACEF Primavera 2001 PAD, 34 Salone II Stand F 30-32 e porgere i nostri più cordiali saluti.

cierre
accessories

Cierre Espansi s.r.l. - Via Ansaldo, 2 - 47100 Forlì (Z. Ind. Villa Selva)
Tel. 05 43/78 24 20 - Telefax 05 43/78 24 93 - Telex CR FO I 550406 - Cap. Soc. L. 90.000.000 i. v. - C.C.I.A.A. Fo 222794 - Iscr. Trib. N. 14737 - Partita IVA 0187 4060401

Alphabetisches Sachregister

Die Zahlen geben die Nummer des Briefes an.